I0136266

LES

FRANCISCAINS A BOLBEC

LK 1048
A

PARIS. — IMP. ADRIEN LE CLERE, RUE CASSETTE, 29.

LES

FRANCISCAINS A BOLBEC

OU

NOTICE SUR LA MISSION

DONNÉE A BOLBEC PAR LES RR. PP. FRANCISCAINS

à l'occasion

DU JUBILÉ ET DU CARÊME DE 1858

ROUEN

FLEURY, LIBRAIRE DE MONSEIGNEUR L'ARCHEVÊQUE

Place de l'Hôtel-de-Ville, 4

—

1860

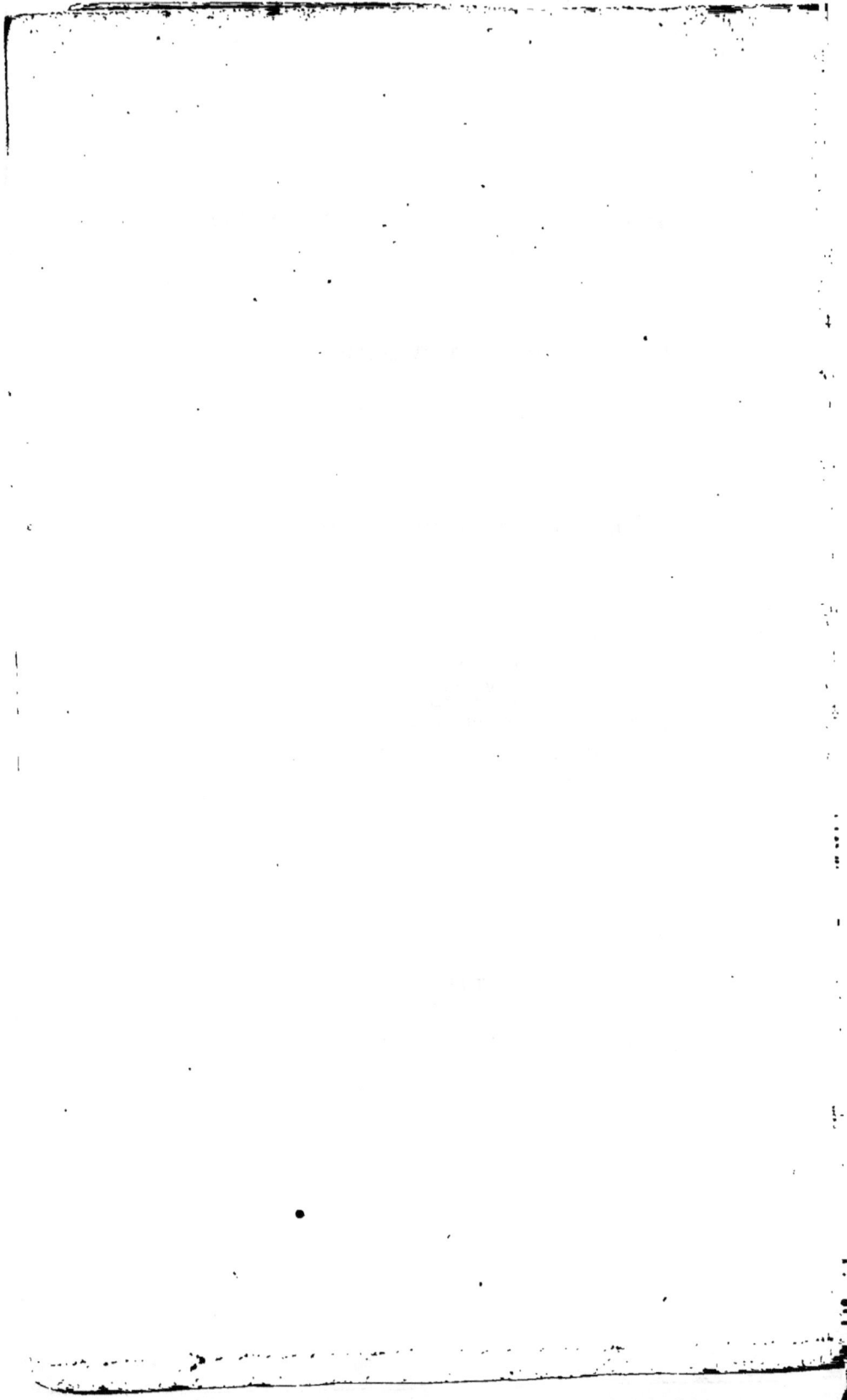

PRÉFACE

—

En voyant le titre de cet opuscule et la date qu'il rappelle, on dira peut-être : « Pourquoi ce livre ? » ou du moins l'on demandera : « Pourquoi si tard ? » La réponse à ces deux questions sera toute notre préface. Qu'on nous permette de commencer par la seconde.

Des circonstances impérieuses ont retardé la publication de ces pages bien au delà de nos prévisions. Si nous avions recherché le succès avant tout, nous aurions dû renoncer dès lors à une œuvre dénuée de ce mérite, tant prisé de nos jours, qu'on appelle l'*actualité*; mais, avant tout, nous voulions faire un peu de bien. Nous avons cru venir encore assez tôt pour être utile, et des conseils qui sont toujours pour nous d'un grand poids, nous faisaient presque un devoir de persister dans notre entreprise. Si cet écrit n'a plus l'intérêt du moment, on peut nous plaindre ; s'il peut rendre encore quelque service, on ne doit pas nous blâmer, et nous réclamons alors le bénéfice du proverbe : « Mieux vaut tard que jamais. »

Or, pourquoi ce livre ? C'est ce que nous allons dire.

Il y a un peu plus d'un an, une petite ville de

dix mille âmes, mais qui est un des centres industriels les plus actifs et les plus importants de la Normandie, était évangélisée pendant quelques jours par deux pauvres moines. Une mission dans un pays de fabriques peut sembler, au premier coup d'œil, un événement peu remarquable. Mais les deux Missionnaires, fils de saint François d'Assise, appartenaient à une branche de l'ordre Séraphique qui se glorifie de suivre de plus près son héroïque fondateur, et qui vient naguère de reverdir en France. Ces deux Missionnaires, disons-nous, ont été dans nos murs comme une apparition d'un autre âge : leur aspect, leurs vertus, leur parole, ont communiqué à notre population un élan rapide et unanime. Notre ville est devenue le théâtre d'un mouvement religieux qui a dépassé même les espérances : merveilles de la grâce, fruits les plus salutaires et les plus consolants, pieuses et imposantes manifestations, rien n'a manqué ; et la Mission de Bolbec a pris un caractère et des proportions qui rappelaient aux témoins instruits du passé de l'Église ces scènes grandioses et émouvantes dont on lit le récit dans l'histoire, et que trop souvent on y croit désormais reléguées.

On a trouvé que cet événement méritait autre chose qu'un simple souvenir, et nous nous sommes chargé d'en retracer l'histoire dans son ensemble et dans ses détails les plus saillants. Malgré les défauts de cette esquisse, nous l'offrons avec confiance aux catholiques de Bolbec d'abord ; leur foi vive et leur pieux empressement nous ont fourni la matière de ce petit livre ; il est leur œuvre plus encore que la nôtre. Puisse cet humble monument leur rappeler un bienfait insigne de la Providence, de doux et consolants souvenirs, de bonnes et généreuses résolutions ! Puissent-ils relire à leurs enfants cette page, la plus belle peut-être de l'histoire de leur cité, et répéter, comme les habitants de Naïm témoins d'un miracle du Sauveur : « Un grand prophète s'est élevé parmi nous, et Dieu a visité son peuple ! »

Nous avons voulu encore, et le titre seul de cet ouvrage l'indique assez, donner aux RR. PP. Franciscains une faible marque des vives et profondes sympathies qu'ils ont laissées parmi nous. Qu'ils nous pardonnent si nous n'avons pas craint de contrister leur humilité ; nous avons dû contenir, plutôt que stimuler, les sentiments qui se pressaient dans notre âme : ils n'ignorent pas d'ailleurs que « la lumière ne se met pas sous le boisseau, mais sur le chandelier, afin de luire aux yeux de tous. » Nous voudrions faire connaître de plus en plus cette héroïque milice franciscaine dont la renaissance est si merveilleuse, et l'extension si désirable, dans notre siècle égoïste et sensuel.

Enfin, nous avons pensé que notre modeste labeur tournerait en quelque manière à la gloire de notre Mère la sainte Eglise. Où trouver, en dehors d'elle, cette action puissante et salutaire sur les âmes ? et, à ce signe, ne reconnaît-on pas l'Eglise vraiment apostolique, non-seulement par sa descendance directe et non interrompue des Apôtres, mais encore par son perpétuel et fécond apostolat ? A nos yeux, cette preuve, si facile à constater, en vaut bien une autre. A ceux qui méprisent l'ordre surnaturel, qui font appel à la raison pure pour moraliser et perfectionner les individus et la société, nous montrerons, pour toute réponse, une population renouvelée, transformée en quelques jours sous l'influence de la grâce, par le ministère du prêtre catholique, et nous leur demanderons de quel côté est la vraie grandeur, la vraie élévation morale, la vraie civilisation.

Voilà les motifs qui nous ont porté à écrire ce petit livre. Que Notre-Seigneur daigne lui faire produire quelque fruit ! Nous le lui demandons par l'intercession de sa très-sainte Mère, et de son fidèle serviteur saint François d'Assise.

A. M. D. G.

CHAPITRE I

PRÉLIMINAIRES ET OUVERTURE DE LA MISSION.

La ville de Bolbec renferme, à côté d'un millier de protestants, une population catholique d'environ neuf mille âmes. Cette population se divise en trois classes principales : les manufacturiers et fabricants, qui en sont comme l'aristocratie; les marchands, qui en forment la bourgeoisie; et, enfin, les ouvriers, qui, au nombre de plus de trois mille, représentent le peuple.

Or, même avant la Mission, nous sommes heureux de le dire, la foi et la religion comptaient tous croyants et un certain nombre de pratiquants sincères dans ces trois classes de personnes. Mais si l'industrie nous montrait, parmi ses plus illustres représentants, quelques hommes qui ne s'étaient point laissé dominer par la préoccupation des affaires, séduire par l'attrait du plaisir, combien d'autres, tout entiers à l'exploitation de leurs usines, à la direction de leurs travaux, aux calculs de leur commerce, oubliaient qu'ils avaient une âme à sauver, n'ayant qu'un souci en cette vie, celui de s'enrichir au plus vite, et de transformer les richesses acquises en jouissances pour leurs sens! Si le petit commerce nous présentait beaucoup de familles véritablement chrétiennes, à la foi robuste, aux mœurs simples et pures, aux habitudes pieuses, il y avait, à côté d'elles, plusieurs autres familles où les soins absorbants d'une vente quotidienne, l'âpre désir du gain, l'amour du luxe, des vanités, des fêtes du monde, produisaient l'indifférence pour les choses du salut, la profanation du dimanche, l'abandon des saints offices et des sacrements, une légèreté extérieure de mœurs, signe trop certain de la corruption du cœur.

Si la classe ouvrière offrait à notre admiration, surtout parmi les femmes et les jeunes personnes, une foule d'âmes fermes et courageuses, qui, éclairées des lumières d'une foi vive et profonde, fortifiées par les exercices de la piété chrétienne et la fréquentation des sacrements, avaient su résister à tous les scandales et à toutes les séductions, qu'il était grand, aussi, hélas! le nombre de ces pauvres jeunes gens, de ces pauvres jeunes

filles, qui, quelques années à peine après leur
première communion, étaient tombés victimes des passions, contre lesquelles ne les
avait point suffisamment protégés la légère
armure d'une instruction forcément incom-
plète, et d'une piété trop superficielle et trop
inégale !

C'est vraiment un regard plein de douleur
et d'anxiété que celui qui tombe aujourd'hui
sur les meilleures paroisses, lorsque ce regard
va au fond des choses, et sonde la situation
telle que l'ont faite les révolutions qui ont
ravagé notre époque! Comment arracher tant
d'hommes, honorables d'ailleurs, à l'unique
préoccupation de gagner de l'argent et de
jouir? Comment rappeler à l'estime du salut
tant d'âmes indifférentes et endormies, légères et dissipées? Comment faire remonter
le courant de leurs inclinations sensuelles et
furieuses à ces natures grossières chez lesquelles une crasse ignorance a brisé le frein
de la foi, et qui, par l'abandon de la prière et
des sacrements, se sont privées de tout secours
céleste pour faire le bien? Comment ressusci-
ter l'amour de Notre-Seigneur Jésus-Christ
dans cette multitude d'hommes endurcis et
insensibles comme la matière qu'ils exploi-
tent? Il est évident que le ministère paroissial
est insuffisant tout seul pour obtenir ce grand
résultat, par la raison bien simple que les
prêtres de la paroisse ont beau être zélés dans

l'exercice de leurs fonctions, assidus à leur confessionnal, exacts à catéchiser et à prêcher : cela ne leur donne aucune action sur une foule de malheureux chrétiens qui ne se présentent jamais au saint tribunal, qui ne s'asseoient jamais autour de la chaire évangélique. D'ailleurs, même sur les paroissiens qui fréquentent l'église, le temps seul, en ôtant à la parole le charme de la nouveauté, affaiblit sa puissance sur les lèvres de prédicateurs qu'on entend tous les dimanches.

Il faut au peuple, pour l'attirer aux prédications, et par ces prédications ranimer dans son cœur « la foi qui vient de l'ouïe, » il lui faut des accents nouveaux et étrangers.

Un pieux Evêque l'écrivait dernièrement à ses prêtres : « Aujourd'hui les peuples ont besoin, pour sortir de leur assoupissement, de recevoir de ces coups surprenants de la grâce que notre ministère, malgré tous nos efforts, ne saurait plus leur donner. Le bruit de notre voix n'a pas la force de les réveiller ; le cours ordinaire de nos fonctions est devenu un spectacle auquel ils assistent sans émotion ; l'habitude qu'ils ont de le voir se renouveler dans le même ordre, sous leurs yeux, lui a enlevé presque toute son action sur les âmes. Nous cultivons une terre ingrate, et le temps de la moisson, qui devrait nous apporter des joies avec le fruit de nos travaux, ne nous donne à recueillir que le découragement et la tristesse.

Oui, pour arracher les âmes au mal, il faut un redoublement de forces ; pour les faire sortir du sommeil de la mort, il est nécessaire qu'elles entendent une parole inconnue, qui, par cela seul qu'elle n'a pas résonné à leurs oreilles, acquiert sur elles une plus grande puissance. »

Or, pendant le Carême de 1858, à l'occasion du Jubilé qui coïncidait pour sa paroisse avec ce temps de salut, M. le Curé de Bolbec conçut le projet d'appeler, pour évangéliser ses ouailles, des Missionnaires, et des Missionnaires d'un nouveau genre.

Il y a maintenant six siècles, on le sait, un jeune homme de vingt-cinq ans, assistant au saint sacrifice de la Messe, entendit lire l'Evangile où Jésus-Christ recommande à ses apôtres de ne posséder ni or ni argent, de ne point porter de monnaie dans leur ceinture, de n'avoir ni une besace, ni deux tuniques, ni des souliers. François, c'était le nom de ce jeune homme, prit à la lettre ce sublime conseil, et conçut le projet de convertir le monde par l'humilité et la pauvreté absolue, en devenant le *mineur*, le moindre de tous les hommes ; en offrant à la terre la reproduction la plus complète de la divine folie de la Croix. Haute et généreuse idée, digne d'être comprise par toutes les grandes âmes, de trouver de l'écho dans tous les nobles cœurs ! Aussi François d'Assise devint-il bientôt le

chef d'une innombrable armée de pauvres
comme lui, qui se répandirent sous tous les
climats et chez tous les peuples, en Orient
comme en Occident, semant partout la parole de la pénitence, soutenue par leurs
exemples, et, au besoin, répandant leur sang,
parce que le sang est la parole à sa plus haute
puissance. Cette armée, la plus grande que
Dieu ait prise au service de sa gloire, s'est
admirablement recrutée dans tous les siècles,
et aujourd'hui encore, elle compte dans le
monde soixante mille combattants, sous les
ordres d'un général qui a son siége à Rome,
à côté du trône de Pierre. Cependant, les
disciples du mendiant d'Assise, chassés de
France par la révolution de 1792, n'ont
reparu parmi nous qu'en 1849. Depuis cette
époque, par ordre du T. R. P. Frère Louis
de Laureto, ministre général de tout l'ordre
de Saint-François, le R. P. Frère Joseph Areso
a fondé successivement sur le sol français les
colléges de Saint-Palais, Amiens, Limoges,
Bourges.

C'est à la porte d'un de ces couvents,
où la règle de Saint-François est observée
dans toute sa rigueur primitive, que M. le
Curé de Bolbec alla chercher des auxiliaires.
Il s'adressa aux bons Pères Franciscains d'A-
miens. Son espoir était que l'étrangeté du
costume franciscain serait un attrait pour la
curiosité, et que l'austérité, la sainteté et le

zèle de ces fervents religieux produiraient de salutaires effets dans le troupeau confié à ses soins. Les bons Pères Franciscains accueillirent favorablement la demande qui leur était faite, et il fut convenu qu'une Mission serait donnée à Bolbec, qu'elle commencerait le dimanche de la Passion, et durerait trois semaines.

Le quatrième dimanche de Carême, M. le Curé de Bolbec annonçait cette bonne nouvelle à ses paroissiens.

De plus, pendant la semaine qui suivit cette annonce, pour préparer le succès de la Mission, il fit distribuer dans toutes les familles un abrégé de la doctrine chrétienne, qu'il avait lui-même rédigé avec la plus grande précision, et une vaste et belle pancarte où étaient gravées les grandes pensées des fins dernières.

Il est toujours bon de rappeler aux hommes ignorants et légers la connaissance des principales vérités religieuses : ce n'est jamais en vain qu'on met en face de leur esprit les grands souvenirs de la mort, du jugement. de l'éternité heureuse ou malheureuse ; mais, quand les deux petites publications improvisées par le zèle industrieux de notre pasteur n'auraient eu pour résultat que d'éveiller l'attention sur les prochains exercices de la Mission, que d'indiquer qu'il se préparait pour la paroisse quelque chose d'extraordinaire, elles auraient paru avec un parfait à-propos.

Or, le samedi, veille du dimanche de la Passion, à trois heures après midi, entrait dans notre ville un homme déjà avancé en âge, et qui toutefois paraissait courbé plutôt sous le poids des fatigues et des infirmités que sous celui des années; un homme vêtu d'une tunique de bure déjà usée, ceint d'une corde, portant autour de sa tête entièrement rasée une simple couronne de cheveux blancs, pouvant à peine se soutenir sur ses pieds nus et ensanglantés par une longue marche.

Qui eût dit que cet homme, dont l'extérieur n'excitait que la pitié chez les personnes les mieux disposées, entouré et suivi de ces quelques enfants toujours disponibles pour fournir un cortége à tout ce qui se présente avec un air étrange; qui eût dit que cet homme, aidé d'un compagnon semblable à lui, allait, en quelques jours, mettre en émoi une ville de dix mille âmes, rassembler autour de sa chaire, faire agenouiller à ses pieds les grands et les petits, obtenir la confidence de leurs secrets les plus intimes, de leurs fautes les plus honteuses, de leurs peines les plus cuisantes, et ne repartir qu'au milieu du regret et des pleurs, emportant la reconnaissance et les bénédictions de tous les cœurs et de toutes les familles?

Le P. Jean-Baptiste (c'était le nom du vénérable religieux qui arrivait le premier dans
nos murs) se dirigea d'abord vers l'église, se
prosterna jusqu'à toucher de sa bouche le
pavé du sanctuaire; puis, après quelques instants d'une fervente prière, il se rendit à la
sacristie, où, trouvant M. le Curé, qui se préparait pour l'office des premières Vêpres, il
tomba à ses pieds, lui disant : « Monsieur le
Curé, daignez bénir un pauvre religieux qui
vient, sur votre appel, vous aider à sauver
les âmes qui vous sont confiées. » Visible-
ment ému de cette manifestation spontanée
d'humilité, M. le Curé prononce sur la tête
vénérable du bon Franciscain la formule de
la bénédiction sacerdotale, et lui ayant aussitôt présenté, pour le relever, la main qui
venait de le bénir, il lui propose d'aller au
presbytère prendre quelque repos et quelques
rafraîchissements. Mais le fervent disciple de
François d'Assise déclara n'avoir besoin d'aucun repos, d'aucun rafraîchissement autre
que celui de la prière, et il alla tout de suite
s'agenouiller dans un coin obscur du sanctuaire, où il resta depuis trois heures jusqu'à
neuf heures, aussi immobile que les chéru-
bins d'or qui environnent le maître-autel.
Que se passa-t-il entre vous et le Dieu du tabernacle, ô bon Père Jean-Baptiste, pendant
ces longues heures, où, sans tenir compte des
fatigues d'un pénible voyage, sans même

penser à réparer vos forces par un peu de nourriture, vous restâtes dans l'extase de la prière? N'est-ce pas dans ces premières heures si bien employées de votre séjour parmi nous, que vous avez obtenu ces grâces qui, quelques jours plus tard, coulèrent à grands flots sur toutes les âmes?

Cependant le bruit se répandait dans la ville qu'un des Missionnaires attendus était arrivé, et la curiosité publique ayant été bien vite éveillée par le portrait qu'on faisait de son costume, tout le monde d'accourir à l'église, chacun voulant voir de ses propres yeux. Pendant les six heures que le P. Jean-Baptiste passa en prière, il y eut autour du chœur une perpétuelle procession de curieux qui le dévoraient du regard, à travers les grilles du sanctuaire; et comme tous étaient frappés et saisis de son recueillement profond, de sa ferveur séraphique, tous allaient répétant dans les rues et dans les maisons : « Un saint est venu parmi nous! »

Le lendemain, dimanche de la Passion, à la même heure, nous arrivait un autre Franciscain, celui qui devait diriger les exercices de la Mission, le P. Bernard, dont le nom est resté si populaire dans notre ville, qu'on ne peut le prononcer sans qu'il remue le cœur de tous, sans qu'il fasse couler les larmes de plusieurs.

Le P. Bernard est un tout jeune homme,

de riche famille, qui a quitté une mère chérie et fière de son fils, a renoncé à tous les avantages humains qui l'attendaient dans le monde, pour embrasser la pauvreté du Dieu de Bethléem, et pouvoir, libre de tout souci terrestre, se dévouer tout entier au salut de ses frères. Son air vif et animé, son regard intelligent, son front pur, ses traits nobles, ses manières distinguées, faisaient ressortir la pauvreté et l'austérité de son costume, et l'on se demandait avec étonnement comment ce brillant jeune homme, qui avait tous les agréments extérieurs et portait dans sa physionomie un reflet de toutes les qualités de l'esprit et du cœur, avait pu se résoudre à embrasser un si rude genre de vie, à se vêtir d'un habit aussi misérable, à marcher nu-pieds et la tête rasée.

Pendant que chacun faisait ces réflexions ou d'autres semblables, le P. Bernard gravissait les degrés du perron qui mène à la porte principale de l'église de Bolbec. Arrivé à la dernière marche, il s'arrête, se met à genoux, baise humblement la terre, puis se retourne vers la foule qui le suivait du regard. C'était l'heure des Vêpres, et il y avait bien six cents personnes assemblées. D'un signe auquel personne ne résista, il fit agenouiller toute cette multitude, et il la bénit. Cette première bénédiction fut, de la part du jeune apôtre héritier du pêcheur de Galilée, un premier coup de filet qui ne fut pas perdu. Un soldat de Crimée qui avait vu plusieurs fois la mort en face sans se décider à revenir à Dieu, était tombé à genoux, avec tout le monde, pour se faire bénir par le pauvre Franciscain, et il se releva avec une grosse larme dans les yeux, en s'écriant : « Voilà le prêtre qu'il me faut ! demain j'irai à confesse ! » Combien d'autres prirent la même résolution au fond de leur cœur ? C'est le secret de Dieu.

Une heure à peine après son arrivée, le P. Bernard était en chaire pour ouvrir les exercices de la Mission. Tous les regards étaient avidement fixés sur ce prédicateur d'un nouveau genre, apparition d'un autre âge, personnage à l'air antique, quoique bien jeune encore ; et qui, sous les humbles livrées de la pauvreté évangélique, avec le crucifix d'airain qui brillait sur sa poitrine, avec la corde de chanvre qui ceignait ses reins, avec le gros chapelet de bois qui pendait à ses côtés, paraissait véritablement venir de l'autre monde pour éclairer celui-ci. Toutes les oreilles étaient avidement ouvertes à la première parole qui allait sortir de ses lèvres, lorsque, tout à coup, le visage pâle et fatigué du séraphique enfant de saint François se colore et s'anime, son front brille d'un éclat lumineux, son regard s'élève vers le ciel, et, avec un accent qui trahit l'inspiration céleste : il s'écrie :

« *Gloria in excelsis Deo, et in terra pax hominibus bonæ voluntatis!* Gloire à Dieu au
plus haut des cieux, et paix sur la terre aux
hommes de bonne volonté! »

Tous, nous crûmes voir, nous crûmes entendre un des anges qui chantèrent autrefois
ces triomphantes et douces paroles autour du
berceau de Bethléhem.

« *Gloria in excelsis Deo, et in terra pax
hominibus bonæ voluntatis!* Oui, gloire à Dieu,
paix aux hommes! » poursuivit le P. Bernard, « voilà le but de notre venue parmi
vous. Nous venons vous faire relever vos
fronts trop courbés vers la terre, vous rappeler la noble fin de votre création et de votre
existence, la glorification du Seigneur par
vos œuvres saintes. Gloire à Dieu!... Nous
venons vous aider à purifier vos consciences
et à décharger vos cœurs de la honte et du
remords du péché. Paix aux hommes!...

« Nous ne vous apportons pas des richesses
temporelles; nous n'avons rien, c'est notre
gloire et notre bonheur de ne posséder rien;
ce misérable vêtement qui nous couvre n'est
pas même à nous. Mais si, comme le pauvre
batelier du lac de Génésareth devenu apôtre,
nous sommes réduits à vous répéter ce
qu'il disait au paralytique qui lui demandait
l'aumône : Nous n'avons ni or, ni argent;
comme ce grand Apôtre, nous pouvons
ajouter : Au nom de Jésus-Christ, levez-

vous et marchez!... Quelque chétifs, quelque pauvres que nous vous paraissions,
nous voici avec vous pendant trois semaines,
ayant entre nos mains la vertu céleste, le
pouvoir divin de vous remettre dans la voie
de la grâce, où chacun de vos pas sera désormais un hommage rendu à Dieu votre Créa-
teur et votre Rédempteur, une satisfaction
pour votre conscience, une joie pour votre
cœur. Gloire à Dieu au plus haut des cieux,
paix sur la terre aux hommes de bonne volonté ! »

Après cette belle allocution, dont une froide
analyse n'a pu reproduire ni la solennité, ni
la chaleur, le P. Bernard indique l'ordre des
exercices quotidiens de la Mission. Le matin,
à cinq heures, méditation, suivie de la messe ;
à dix heures, instruction familière sur les sacrements ; le soir, à huit heures, grand sermon, suivi de la bénédiction du saint Sacrement. Tous les temps libres seront employés
à entendre les confessions. Cependant, à partir de l'instruction du soir, les Révérends
Pères ne recevront que les hommes à leur
confessionnal, et se tiendront toute la nuit,
s'il le faut, à la disposition de tous ceux qui
voudront recourir à leur saint ministère.

CHAPITRE II

PRÉDICATION DES FRANCISCAINS. — DE LEUR
PUISSANCE TIRÉE DE LA PERSONNE DES
ORATEURS. — DU CARACTÈRE DE LEUR
ÉLOQUENCE. — DE PLUSIEURS CIRCONS-
TANCES PARTICULIÈRES ACCOMPAGNANT LA
PRÉDICATION.

———

Au début même de la Mission, arrêtons-
nous pour considérer les éléments qui en ont
assuré le succès, et qui ont produit les magnifiques et consolants résultats que nous
serons heureux de décrire tout à l'heure.

Je réduis ces éléments à cinq : Les prédications quotidiennes ; — les exemples ; — les
prières des bons Pères Franciscains ; — les
soins donnés à l'enfance ; — les cérémonies
pour les morts.

Si la prédication n'est pas, comme plusieurs le croient faussement, l'unique élément du succès d'une Mission, il faut reconnaître qu'elle en est un des principaux; surtout lorsqu'une grande effusion de grâces de la part de Dieu, la grande popularité des prédicateurs, la nature de leur éloquence et le choix de leurs sujets, les exercices qui précèdent et suivent les sermons, donnent à cette prédication une puissance à laquelle rien ne résiste, pas même les cèdres du Liban, c'est-à-dire, les pécheurs les plus endurcis et les plus superbes.

Telle a été parmi nous la prédication franciscaine. Et, d'abord, la parole des bons Pères avait en elle, pour la féconder, ce germe divin qu'on appelle la grâce, grâce qui fut extrêmement abondante, à cause du temps favorable où se faisait la prédication, à cause de la sainteté personnelle des prédicateurs, à cause de la vocation de l'ordre auquel ils appartenaient.

Dans la succession des temps dont le Seigneur est le maître, il en est où ses faveurs tombent avec une plus grande abondance sur les hommes, où sa parole a plus d'efficacité dans la bouche de ses ministres : ce sont ceux qu'il nomme lui-même *les temps favorables, les jours de salut.* Or, lorsque les Pères Franciscains nous évangélisèrent, nous étions pleinement au milieu de *ces temps favorables,* de *ces jours de salut;* temps de Carême et de Jubilé, temps de retraite et de Mission.

De plus, nos vénérables Missionnaires étaient des saints; et plus un apôtre est saint, plus il est un instrument capable de convertir et de sanctifier les âmes; parce qu'alors les grâces qu'il attire sur lui par ses vertus et ses mérites ajoutent une force surnaturelle et divine aux dons naturels de l'esprit ou de la parole, quelque simples, quelque communs qu'ils soient.

Il y avait, enfin, dans la prédication des Franciscains une grâce singulière, résultat de la vocation de l'ordre Séraphique. Quand Dieu se choisit ici-bas un homme ou une société pour travailler à sa gloire, il lui donne, avec la mission qu'il lui confie, la puissance de la remplir. Ainsi, à l'heure où il suscita François d'Assise pour vaincre les passions du paganisme dans le cœur des nations chrétiennes, il le revêtit de cette force d'en haut qui était tombée sur les premiers Apôtres avec le souffle de Jésus-Christ; et de là les nombreuses et grandes merveilles de ses prédications. Héritiers et continuateurs de la Mission de leur séraphique Père, les enfants de saint François sont également héritiers et participants des secours célestes qui lui furent prodigués, et que la Providence répand sur eux dans une proportion qui est en rapport

avec les obstacles qu'ils rencontrent et avec
les besoins nouveaux des peuples qu'ils évan-
gélisent.

Toutefois, il n'entre pas dans le plan divin
que la parole apostolique emprunte toute sa
force à la grâce; il a plu au Seigneur d'asso-
cier l'homme à l'œuvre de la prédication de
l'Evangile, en permettant que certaines circonstances qui paraissent purement humaines, comme la popularité des prédicateurs, le genre, le choix, la solennité de leurs
sermons, ne fussent point étrangères à l'influence de leur ministère et à l'efficacité de
leur parole. Mais toutes ces circonstances se
trouvaient encore réunies dans la personne
des Pères Franciscains. Dès les premiers jours
de la Mission, ces bons Pères devinrent
extrêmement populaires parmi nous, et ga-
gnèrent la sympathie de tous les cœurs. Comment cela? comment des hommes venus de
loin, parfaitement inconnus, ont-ils pu si vite
se faire aimer d'une nombreuse population?
D'abord, dans sa deuxième instruction, le
P. Bernard, prêchant sur la vocation,
n'hésita point à nous faire connaître un des
plus touchants motifs de leur vie si extraordinaire et si crucifiée.

« Si nous avons pour notre part en ce
monde la pauvreté et la souffrance, sachez-
le bien, mes frères, car nous n'avons pas de
raisons pour vous le cacher, c'est par amour

pour Dieu d'abord, mais c'est aussi par amour pour vous. Nous savions, comme l'a dit une bouche éloquente, qu'en vertu de la solidarité chrétienne, tout homme qui souffre volontairement dans le monde ôte une souffrance à quelqu'un ; que tout homme qui jeûne donne du pain à un autre qui manque ; que tout homme qui pleure aux pieds de Jésus-Christ enlève du sein d'une créature une certaine quantité d'amertume ; et voilà pourquoi nous avons voulu prendre de la douleur au delà de notre compte naturel, afin de diminuer la part que vous auriez à porter vous-mêmes. Pauvres et ouvriers, nos frères, nous nous sommes dépouillés de tout et voués à la souffrance par un acte libre de notre volonté, afin de vous montrer, à vous tous qui êtes pauvres et malheureux par la nécessité de votre condition, tous les mérites et toutes les richesses renfermés dans la souffrance endurée pour Dieu ! Nous avons cru qu'en nous revêtant d'habits plus grossiers que les vôtres, qu'en marchant nu-pieds sous vos regards, qu'en n'ayant d'autre nourriture que celle que vous voudriez bien nous laisser comme votre superflu, nous vous donnerions de la pauvreté une révélation capable de la changer à vos yeux, et d'apporter à votre cœur un baume qu'aucun autre spectacle n'aurait pu vous donner ! »

Il est facile de comprendre combien cette

révélation, faite avec un accent qui en garantissait la sincérité, dut trouver d'écho dans un auditoire composé, en grande partie, d'artisans! En général, le peuple est attentif à tout ce qui sort des voies ordinaires, sensible à tout ce qui est beau, grand, généreux. Devant une action brillante, un noble sacrifice, un sublime dévouement, il se sent épris d'une immense admiration; et dans le cœur du peuple, l'admiration, on le sait, c'est l'affection. Aussi, quand les bons fidèles de Bolbec, déjà émus et saisis au premier aspect de la vie crucifiée et héroïque de leurs saints Missionnaires, eurent connu le généreux motif qui la leur avait fait embrasser, eurent compris qu'ils avaient épousé la pauvreté et la souffrance volontaire, non-seulement pour travailler plus efficacement au salut de leurs âmes, mais encore pour les soulager et les consoler dans leurs maux terrestres, pour leur rendre plus léger le fardeau de leur pénible existence, ce ne fut plus seulement une simple affection, forme familière et naïve de l'admiration populaire, qu'ils éprouvèrent pour eux, mais une sympathie ardente, un enthousiasme plein de tendresse.

D'ailleurs, il n'y a pas eu de jour, pendant la Mission, où certaines attentions délicates de la part des bons Pères n'aient contribué à les faire mieux apprécier, mieux aimer de ceux qu'ils étaient venus évangéliser. La reli-

gion et la charité leur donnaient l'instinct de
ce qui pouvait davantage plaire aux fidèles,
et toute occasion de montrer ce qu'ils étaient
pour eux, en s'associant à leurs joies et à
leurs peines, était toujours avidement saisie.
Un nouveau-né entrait-il dans la chapelle
des fonts, où était le confessionnal du Père
Bernard? le Révérend Père sortait du tribunal
sacré, et prenait un instant de repos pour
donner lui-même le nom au jeune enfant, et
verser l'eau sainte sur sa tête, à la grande
joie de toute une famille, pour laquelle le
baptême d'un de ses membres par un Père
Franciscain était un grand honneur, un grand
souvenir, une douce garantie de l'avenir religieux du nouveau chrétien; à la grande joie
de toutes les mères qui apprenaient bientôt le fait, enviaient le sort de celles qui
avaient enfanté en ces jours bénis, et ne taris-
saient pas en chaleureuses exclamations sur
la condescendance et la bienveillance des
Pères Franciscains. Mais ce qui, davantage
encore, gagnait tous les cœurs à nos chers
Missionnaires, ce fut le tendre intérêt qu'ils
portèrent, pendant leur séjour au milieu de
nous, aux malades et aux défunts. Si par
hasard ils prenaient un instant de repos après
leur repas, ils demandaient à être conduits
dans les maisons où il y avait des malades,
pour y porter des bénédictions et des conso-
lations, y administrer même les derniers

sacrements ; ou bien ils montaient au cimetière pour aller prier pour les morts et s'agenouiller sur les tombes les plus fraîches.
Touchantes démarches ! Elles remuaient la
fibre la plus sensible du cœur des fidèles,
bien plus touchés et plus reconnaissants de
l'amour qu'on témoignait à leurs infirmes et
à leurs bien-aimés défunts, que de tout ce
qu'on aurait pu faire pour eux-mêmes. Et
lorsque ces aimables prédicateurs, qui avaient
été rencontrés pendant le jour sur le chemin
de l'hôpital, de l'asile des vieillards, des
maisons affligées par la maladie, ou du cimetière ; qui avaient été vus au chevet du lit des
infirmes et sur la tombe des morts, paraissaient le soir dans la chaire de vérité, chacun
les regardait avec une émotion inspirée par
une reconnaissance naturelle, accueillait leur
parole, non plus comme la parole d'étrangers, d'inconnus, mais comme la parole
d'amis dévoués, de pères tendres ; et personne n'ignore que la plus puissante des
paroles humaines, la plus capable de persuader et d'entraîner les cœurs, est celle qui
tombe des lèvres de l'amour et du dévouement.

L'éloquence des Révérends Pères était,
d'ailleurs, d'une nature propre à captiver
tous les cœurs ; elle était telle que le peuple
la veut et la recherche, l'écoute et l'aime.
Ce n'était point une suite méthodique d'argu-
ments plus ou moins serrés, un agencement

plus ou moins habile de phrases et de mots;
c'était l'élan d'une âme passionnée pour
Dieu, et qui veut communiquer sa passion à
ceux qui l'entendent; d'une âme aimante
et dévouée, qui, émue du danger de ses
frères, pousse le cri d'alarme pour les arracher à l'abîme.

« Qui ira? » s'écriait un grand orateur
chrétien, « qui ira trouver mon frère le peuple, par amour pour lui, avec un désintéres-
sement qui se sente? Qui lui portera, non pas
un livre mort, mais la chose sans prix, une
foi vivante, une âme dans une parole, Dieu
sensible dans l'accent d'une phrase; la foi,
l'âme et le bien lui disant ensemble : Me
voici, moi, homme comme toi; j'ai étudié,
j'ai lu, j'ai médité pour toi qui ne le pouvais,
et je t'apporte la science; n'en cherche pas
au loin la démonstration, tu la vois dans ma
vie; l'amour te donne sa parole qu'il est la
vérité... Qui pourra, qui osera parler ainsi
au peuple, sinon l'apôtre du peuple; le capucin avec sa corde et ses pieds à vif? Le peuple a besoin, lui aussi, des enivrements de la
parole; il a des entrailles à émouvoir, des
endroits de son cœur où la vérité dort, et où
l'éloquence doit la surprendre et l'éveiller en
sursaut. Laissez-lui entendre Démosthènes, et
le Démosthènes du peuple, c'est le Capucin. »

Or, nous les possédions vraiment, ces orateurs populaires, ces Démosthènes du peu-

ple, dans la personne des Révérends Pères Bernard et Jean-Baptiste. Si, comme on l'a dit, l'éloquence est fille de la passion, s'il suffit de créer une passion dans une âme pour que l'éloquence en jaillisse à flots, si quiconque a aimé violemment quelque chose, a été immanquablement éloquent, ne fût-ce qu'une fois dans sa vie, comment n'auraient-ils point été éloquents, ces hommes qui aimaient si bien Dieu, et même le prochain, par-dessus toutes choses, qu'ils avaient tout quitté pour les servir? Comment n'auraient-ils pas créé sur leurs lèvres des expressions égales à leur dévouement? Comment n'auraient-ils pas porté dans leur effusion au sein des âmes la force qui les avait ravis à eux-mêmes et au monde?

Le choix des sujets s'unissait encore à l'éloquence et à la popularité des prédicateurs pour rendre plus efficace la parole franciscaine; car les Révérends Pères ont traité les sujets les plus importants de la religion, les plus propres à frapper les esprits et à impressionner les cœurs, tels que le salut, la mort, le jugement, l'enfer, l'éternité, la Passion, les Stations du Chemin de la Croix et de l'effusion du sang de Jésus-Christ, et autres semblables.

« Prêchez les fins dernières, » disait saint Liguori; « c'est là ce qui fait d'ordinaire le plus d'impression sur les hommes, et les porte à changer de conduite ; c'est en parlant de la mort, de l'enfer, de l'éternité, en intéressant la nature immortelle de l'homme, qu'on remue les cœurs, qu'on réveille le remords, qu'on arrache les larmes, et que le prédicateur, s'élevant au-dessus de lui-même, se montre vraiment l'envoyé du Ciel, et parle en son nom. Puis, cette matière est plus à la portée de tous, plus adaptée à tous les besoins, plus intelligible à tous les esprits. »

Aussi le P. Bernard nous annonça-t-il qu'il nous parlerait surtout des grandes choses qui devaient suivre notre existence présente; que Dieu lui-même, dans l'intérêt de nos âmes, lui avait imposé l'ordre et l'objet des principales instructions de la Mission.

« Quelques jours avant de venir au milieu de vous, mes frères, j'étais en prière dans mon humble cellule, à genoux devant mon crucifix, et je disais à Dieu : Seigneur, que dirai-je à ce peuple de Bolbec vers lequel vous m'envoyez ? Et le Seigneur me répondit : Enfant de saint François, tu diras au peuple de Bolbec : Une seule chose est nécessaire... tu lui diras : Souviens-toi, homme, que tu es poussière et que tu retourneras en poussière... tu lui diras : Après la mort, vient le jugement... tu feras retentir à ses oreilles la sentence du dernier jugement : Allez, maudits, au feu éternel ! »

Remarquons en passant cette manière ori-

ginale et saisissante de justifier un plan d'instructions. Et ce n'était pas simplement un
effet oratoire; l'homme qui a médité aux
pieds du Crucifix la parole qu'il doit répandre
du haut de la chaire, a deux fois le droit de
se présenter comme un messager d'en haut,
et comme la voix de Dieu même.

Dociles à l'inspiration céleste, les Pères
Bernard et Jean-Baptiste ont, tour à tour,
traité les plus effrayantes vérités de la religion, avec une conviction d'esprit, une émotion de cœur, une chaleur d'expression, qui
faisaient passer dans toutes les âmes les
saintes terreurs que leur inspirait à eux-
mêmes, malgré l'héroïsme de leur vie, l'attente des terribles jugements de Dieu.

Toutefois, pour agir sur le cœur de l'homme
et lui imprimer une direction contraire à celle
de ses passions, il est un autre sentiment
plus puissant que les sentiments de crainte
qu'éveille la méditation des vérités éternelles;
c'est le sentiment de l'amour. Un apolo-
giste l'a dit : L'amour donne l'impulsion à
toute la vie. Là où est l'amour, là vont les
pensées, les désirs, les aspirations, les actions.
Pour changer un homme, que faut-il? Changer son cœur. Le cœur est le centre et le
foyer de la vie, et qui emporte le cœur, emporte toute la vie. De là vient que Notre-
Seigneur Jésus-Christ, en se faisant aimer
des hommes, en entrant profondément dans

leur cœur, et, par leur cœur, dans leur être tout entier, en a fait sortir des vertus et des mœurs qu'on croirait impossibles à la nature humaine; et c'est parce que, aujourd'hui, Jésus-Christ n'est plus aimé, que tout, dans l'homme, retourne, avec son cœur égaré, à l'orgueil, à la cupidité, au culte de la chair, à l'idolâtrie de l'or, à l'adoration de soi-même. Donc l'apôtre a sa voie toute tracée; il n'a qu'une chose à faire pour changer la vie des pécheurs, c'est de changer leur amour, c'est de faire remonter leur cœur vers Jésus-Christ. Il devra surtout prêcher avec saint Paul Jésus crucifié, élever bien haut aux regards des hommes détournés de ce spectacle d'amour, l'image sanglante du Dieu mort pour eux, faire jaillir de son divin visage tout meurtri un attrait plus fort que celui qui resplendit sur le front de la créature; et c'est là ce qu'ont fait nos bons Pères Franciscains avec un prodigieux succès.

Il est impossible de parler des mystères de la Passion et de la Croix avec plus d'élan et d'attendrissement que ne l'a fait le P. Bernard, soit lorsqu'il nous fit le récit de la Passion de l'Homme-Dieu, soit lorsqu'il nous prêcha les Stations du Chemin de la Croix et de l'effusion du précieux sang. Enfant du plus parfait imitateur du Dieu crucifié, frère de ces héroïques religieux qui, sans que la persécution ait jamais pu les arracher de ce poste d'honneur, gardent depuis cinq cents ans le tombeau de Jésus-Christ, notre ardent apôtre semblait avoir reçu une mission particulière et personnelle pour nous parler des Saints Lieux, et des mystères qui s'y sont accomplis. Quand il nous entretenait de Jérusalem et du Calvaire, nous sentions qu'il y avait, dans sa parole émue et pleine de larmes, une force, une vertu, une grâce qui pénétrait nos âmes et brisait nos cœurs. Sous l'influence de cette parole, ravis à nous-mêmes et aux lieux que nous habitions, nous nous croyions vraiment transportés dans la Ville Sainte. Pendant le récit de la Passion, il nous semblait que nous étions en face, non point d'un souvenir lointain, séparé de nous par un énorme espace de temps et de pays, mais en face d'un fait actuel et présent! Pendant le sermon du Chemin de la Croix, il nous semblait que nous nous agenouillions, que nous collions nos lèvres partout où s'arrêta le Sauveur portant sa croix! Qui ne se rappelle les vives et profondes impressions de cette soirée mémorable où le P. Bernard nous conduisit, par la pensée, en tous les lieux qui furent rougis du sang de l'Homme-Dieu? A chaque endroit où il pouvait nous indiquer, nous montrer quelques gouttes de ce sang sacré, il commandait à son immense auditoire de tomber à genoux; il y tombait lui-même le premier, et, étendant ses bras en

forme de croix, il conjurait notre adorable
Sauveur de pardonner ceux de nos péchés
qui avaient été la cause de cette effusion nouvelle de son sang ; et il s'écriait, avec une
voix dont rien ne saurait reproduire l'accent
déchirant : « *Parce, Domine, parce populo
tuo ; ne in æternum irascaris nobis :* Pardonnez, Seigneur, pardonnez à votre peuple ; ne
soyez pas éternellement irrité contre lui!» Et
toute la vaste assemblée de reprendre et de
répéter d'une seule voix la même supplica-
tion : « *Parce, Domine, parce populo tuo ; ne
in æternum irascaris nobis.* » Toutes les fois
que, par ces divers moyens, plus ou moins
usités, les grands souvenirs de Jérusalem et
du Calvaire nous furent rappelés, pas un de
nous qui n'ait été ému, attendri, qui n'ait
senti dans son cœur ces ineffables émotions
que nous éprouvions, ces douces larmes que
nous versions, encore enfants, lorsque nos
mères nous faisaient baiser l'image de ce bon
Jésus dans les pieds et les mains duquel les
méchants avaient enfoncé de gros clous ; pas
un de nous qui n'ait senti sa volonté, inclinée
sous le poids du vice, se relever, un instant du
moins, sous le ressort d'un amour plus puissant que tous les amours de la terre; pas un
de nous qui n'ait dit : Mort au péché, qui est
le bourreau de mon Seigneur et de mon Dieu !
Bien plus, en écoutant le Révérend Père exprimer avec le feu d'un séraphin l'amour

qu'il portait aux Saints Lieux, ou plutôt au Dieu qui les avait consacrés par sa mort, nous étions tout surpris de nous sentir plus ou moins atteints de cet amour qui travaillait si puissamment l'âme de nos pères, et jeta autrefois l'Europe entière, comme un seul homme, sur l'Asie. En écoutant le frère des gardiens du Saint-Sépulcre envier le bonheur de ceux qui lui étaient unis par les liens de la même règle, et déclarer devant nous que son unique espoir, son unique consolation, en revêtant les pauvres livrées de saint François d'Assise, avait été de pouvoir un jour vivre et mourir auprès du divin tombeau, nous nous trouvions partageant ses désirs et ses vœux, et nos cœurs, du moins, allaient avec le sien sur ce sol sacré que nos yeux, hélas ! ne pourraient jamais voir, que nos pieds ne pourraient jamais fouler (1)!

Enfin, une dernière circonstance qui ne fut pas sans influence sur la puissance de la prédication franciscaine, se trouvait dans les exercices qui précédaient, accompagnaient et suivaient les sermons; exercices qui eurent pour résultat de donner plus de solennité et d'attrait aux réunions des fidèles autour de

(1) Les vœux du R. P. Bernard ont été exaucés; et, au moment où nous écrivons ces lignes, nous savons qu'il a été désigné par le Supérieur de son Ordre pour représenter au saint tombeau les nouveaux Franciscains français.

la chaire, de préparer les cœurs à entendre la parole divine, de la graver plus profondément dans les âmes, et de lui faire produire de plus grands fruits, en attirant sur elle de nouvelles grâces.

Avant les exercices publics, qui avaient lieu sous les yeux de tous, il y avait un exercice secret, dont Dieu seul était témoin, et qu'une pieuse indiscrétion nous a fait connaître. Nous dirons ce que nous avons appris, ou plutôt ce que nous avons vu nous-même, dût l'humilité des bons Pères s'en affliger ; il importe, aujourd'hui plus que jamais, que le monde sache à quel prix s'acquiert la puissance de le persuader, et de l'arracher à son indifférence et à ses passions.

Quelquefois, avant le grand sermon du soir, le Révérend Père qui devait, ce jour-là, porter la parole, quittait son confessionnal; et où allait-il ? Recueillir un peu ses idées aux pieds du Crucifix ? Oui. Mais l'ordonnance de l'instruction qu'il s'apprêtait à faire n'était point le but principal de cette retraite de quelques instants dans sa chambre. Il était venu là pour revêtir l'armure des forts, c'est-à-dire le vêtement ensanglanté de la pénitence. Les anges du ciel voyaient ce pauvre religieux, déjà exténué des sacrifices ordinaires de sa vie quotidienne et de sa règle si austère, saisir courageusement une discipline, et meurtrir ses épaules par des coups répétés !

A quoi bon ces coups? A quoi bon ce sang?
aurait dit le monde. Quelle force peut donner
à la parole d'un homme le fouet avec lequel
il déchire impitoyablement sa chair? Ah!
c'est que le monde ne comprend pas le mystère du Calvaire et de la Rédemption ; c'est
que le monde ne sait pas que, depuis Jésus
crucifié, quiconque veut être fort contre
le péché doit être, comme lui, broyé dans
la souffrance ; quiconque veut donner la vie
aux autres doit s'infliger la mort à soi-
même ; c'est que le monde n'a pas vu, dans
l'histoire de l'Eglise, que l'éloquence des
saints fleurit sur des décombres ; que c'est
dans les ruines du corps qu'elle plonge
ses racines et qu'elle puise sa séve ; que le
sang est la rosée qui la vivifie, et qu'aujour-
d'hui encore, comme au temps de saint Paul,
quand un apôtre apparaît devant le peuple
chrétien avec une chair affaiblie et meurtrie,
portant dans son corps les stigmates sacrés
de Jésus-Christ, n'étant plus qu'un simulacre
d'homme, il apparaît avec une puissance supérieure à celle du génie : sa parole, toute
simple peut être, retentissant sur les tombeaux des pécheurs, sur les profonds abîmes
où les ont jetés l'orgueil et la volupté, fait
frémir tous les morts spirituels qu'elle atteint,
et les rappelle à la vie.

Ce n'était point assez pour nos saints Missionnaires de s'être préparés à prêcher en

subissant secrètement dans leur chair les douleurs d'une sanglante flagellation : connaissant, non-seulement la puissance de la mortification et la fécondité du sang, mais encore la puissance de l'humilité et la fécondité de l'anéantissement ; sachant bien que les créations humaines sont soumises à la loi qui régit les créations divines, et que, comme Dieu, l'homme doit s'abaisser pour créer : avant de monter en chaire ils ne manquaient pas d'accomplir devant tout le peuple quelque acte humiliant. Ainsi les voyait-on, à genoux dans le sanctuaire, se frapper fortement la poitrine, se prosterner la face contre terre, et baiser plusieurs fois le pavé du saint temple. Ainsi les vit-on, un jour, au milieu du chœur de l'église, environnés de plus de six cents hommes réunis pour le sermon et qui les pressaient de toutes parts, se confesser l'un à l'autre, protestant, par là, qu'eux aussi n'étaient que de misérables pécheurs ; et que, comme les derniers des fidèles, ils avaient besoin des secours établis par la miséricorde divine pour la rémission des péchés.

Cependant, la prière du soir se faisait, et se terminait par la récitation d'un *Pater* et d'un *Ave* pour la conversion des pécheurs de la paroisse ; avaient lieu ensuite les annonces et les recommandations diverses qui intéressaient l'ordre et le bien de la Mission ; puis on chantait l'invocation à l'Esprit-Saint : « *Esprit-Saint, descendez en nous...* »

Nous devons dire ici que M. le Curé avait eu l'heureuse idée de faire imprimer un petit recueil des cantiques les plus connus et les plus populaires, et de les mettre gratuitement entre les mains de ses paroissiens, de sorte que tout le monde chantait avant et après le sermon. Des hommes qui étaient devenus étrangers à toutes les pratiques de la religion, qui n'étaient pas entrés dans l'église depuis de longues années, sur les lèvres desquels la louange du Seigneur avait tout à fait tari, pour faire place aux blasphèmes, aux chansons licencieuses, retrouvaient avec une extrême facilité les airs pieux qui avaient charmé leurs jeunes années, et ils les répétaient avec l'ardeur d'enfants qui se préparent à leur première communion. Or, avant le sermon, ces saintes mélodies, outre qu'elles étaient une prière, avaient pour effet de mettre un peu de recueillement et de paix dans l'âme de tous ces auditeurs qui venaient de terminer leur besogneuse journée, encore étourdis du bruit de leurs travaux, encore inquiets du souci de leurs affaires. Après le sermon, elles contribuaient à graver plus profondément dans les âmes les grandes vérités qui avaient été prêchées ; et ce n'était point en vain assurément que d ns ces cantiques populaires : « *Travaillez à votre salut,*

*quand on le veut, tout est facile.... A la mort,
à la mort, pécheur, tout finira.... Bravons les
enfers, brisons tous nos fers.... Hélas ! quelle
douleur remplit mon cœur.... Vive Jésus, vive
sa Croix !... etc.*; » ce n'était pas en vain que
nos mille voix d'hommes, mêlées aux voix des
femmes et des enfants, rappelaient à l'esprit,
dans les strophes, les pensées les plus sail-
lantes de l'instruction qui avait été entendue,
formulaient sur les lèvres, dans les refrains,
les résolutions généreuses qui avaient été
prises sous l'influence de la divine parole.
On ne saurait dire, ni l'impression profonde
que produisirent dans les cœurs, ni l'énergie,
l'élan, l'enthousiasme que communiquèrent
aux âmes, ces chants, expression de foi et
d'amour, répétés par tout un peuple avec un
admirable entrain, comme par un seul homme !

Quoi qu'il en soit, il est certain du moins
que le chant des cantiques a été un attrait
qui a servi à amener beaucoup de monde dans
l'église, et à grossir le nombre des auditeurs
de la sainte parole. Telle était la puissance
de cet attrait, que M. le Curé, qui d'abord
avait prescrit de chanter pendant que les
fidèles sortiraient de l'église après les exercices du soir, fut obligé de faire cesser le
chant pour que la multitude s'écoulât plus
facilement, parce que, tant qu'on chantait
encore, personne ne voulait sortir, les plus
mauvais chrétiens de l'assemblée paraissant

volontiers disposés à passer une partie de la
nuit, à goûter, dans ces chants religieux si
purs, un plaisir qu'ils n'avaient jamais trouvé
dans les chants impies et libertins de l'atelier
et du cabaret.

Tous auront remarqué que, pendant le
temps où l'un des Pères, debout dans la
chaire, annonçait la parole de Dieu, l'autre
Père demeurait à genoux près de lui, sur un
des gradins les plus élevés de la tribune
sainte, les mains jointes, les lèvres en mouvement, le regard fixé vers le ciel. Mais tous
peut-être n'auront pas compris la raison et le
motif de cette étrange attitude en pareille
circonstance. C'est que les bons Pères Franciscains sont persuadés que, sans la prière,
la prédication n'est qu'un vain son qui frappe
l'oreille sans remuer le cœur ; et voilà pourquoi un d'eux était là humblement agenouillé,
pendant que son confrère prêchait ; et si le
sermon produisait quelque bien, ce n'était
point à celui qui avait porté la parole qu'ils
attribuaient cet heureux résultat, mais bien à
celui qui avait prié. « Quel beau coup de
filet vous avez jeté hier soir ! » disait-on au
P. Bernard, qui avait fait la veille un sermon
après lequel beaucoup de conversions s'étaient
déclarées. « Oui, répondait-il, c'est vrai, c'est
moi qui ai jeté le filet ; mais, soyez-en sûrs,
c'est le P. Jean-Baptiste, priant à mes côtés,
qui y a fait venir les poissons. »

Dès que le Révérend Père avait fini son instruction, on retirait le saint Sacrement du tabernacle, et on l'exposait sur l'autel. C'était le Soleil divin qui se levait pour vivifier le monde de la grâce, comme le soleil matériel se lève chaque matin pour vivifier le monde de la nature. « La bénédiction du saint Sacrement, dit le P. Faber, est, en quelque sorte, le sacrifice du soir. Il serait difficile de trouver des mots pour exprimer, dans toute leur grandeur et leur réalité, les grâces que notre doux Sauveur répand sur nous par cette bénédiction. Ces grâces illuminent tous les replis de notre âme, où se cachaient bien des faiblesses que nous ignorions, et nous éclairent sur notre position présente, dont nous étions loin de soupçonner tout le danger ; elles exercent une salutaire influence sur les esprits malins qui nous entourent, en les frappant de stupidité et d'inertie. La grâce de la bénédiction émanée de Jésus-Christ est à la fois solide, puissante et substantielle ; douée de la faculté de purifier et de créer, parce qu'elle participe à la réalité du saint Sacrement même. »

Que si tels sont les effets ordinaires de la bénédiction du saint Sacrement, combien plus efficace et plus féconde en grâces dut être la bénédiction solennelle qui nous fut donnée, chaque soir de la sainte Mission, par le ministère des bons Pères, dont la ferveur

3

séraphique était si propre à toucher le cœur
de Notre-Seigneur ! Cette ferveur en présence
du saint Sacrement se manifestait au dehors
par des attitudes inusitées, et qui auraient pu
même paraître singulières, si elles n'avaient
été reconnues par tous comme le signe vrai et
naturel de leur amour pour Jésus-Christ, et
de la véhémence de leurs supplications pour
la conversion des pécheurs. Ou ces bons
Pères se prosternaient par terre, de toute la
longueur de leur corps, le front dans la poussière ; ou ils étendaient leurs bras en forme
de croix, et fixaient sur le saint ciboire des
regards pleins de confiance et de tendresse.

Cependant , le Révérend Père officiant
montait à l'autel, prenait entre ses mains le
Dieu voilé sous les espèces eucharistiques, et
bénissait la vaste assemblée agenouillée, en
faisant sur elle, avec le saint ciboire, le signe
de la Croix ; et plusieurs qui avaient courbé
leur front en résistant encore à la grâce, se
relevaient vaincus, et confessaient leur bienheureuse défaite par les douces larmes qui
brillaient dans leurs yeux.

Enfin de solennelles invocations aux saints
terminaient les exercices, et appelaient une
dernière grâce sur le sermon qui avait été
prêché ce jour-là.

Le P. Bernard, de cette voix forte, sonore,
harmonieuse, dont toutes les oreilles conser-
vent encore l'inimitable accent, faisait des

invocations : à Notre-Dame des Victoires; à
la Vierge refuge des pécheurs : « *Sancta Ma-
ria, refugium peccatorum, ora pro nobis.* »
Puis une seule invocation à saint Michel, pa-
tron de la paroisse : « *Sancte Michael, ora pro
nobis;* » à saint Joseph, époux de Marie, et
père nourricier du Sauveur, et, à ce double
titre, si puissant au ciel sur le cœur du Fils et
de la Mère : « *Sancte Joseph, ora pro nobis;* »
à saint François d'Assise, fondateur et père
des Frères Mineurs : « *Sancte Pater noster
Francisce, ora pro nobis;* » puis enfin à tous
les saints et saintes du paradis : « *Omnes san-
cti et sanctæ Dei, intercedite pro nobis.* »

Disons-le, quand la voix solennelle de la
pieuse assistance s'élevait en chœur et avec
un ensemble admirable sous les voûtes du
temple saint; quand une immense acclama-
tion sortie de plusieurs milliers de poitrines,
s'unissant à la voix des Missionnaires, montait vers le ciel, irrésistible et toute-puis-
sante, pour appeler sur les paroles de la
soirée les grâces du Ciel par l'intercession
de Marie immaculée et des saints qui tenaient
à nous et à ceux qui étaient venus nous
évangéliser par les liens les plus sacrés,
chacun recevait de sa foi de douces et magnifiques visions. Comme autrefois, au plus
fort de la bataille que Judas Machabée livra
au général syrien, on vit des cavaliers célestes
sur des chevaux ornés de brides d'or, com-

battre à côté du vaillant chef des Juifs, il
nous semblait aussi, sur la tête vénérable du
P. Bernard et du P. Jean-Baptiste, intrépides
soldats de Jésus-Christ, apercevoir l'invincible
Fille du Dieu des armées, Marie, refuge des
pécheurs; le brillant archange qui terrassa
Lucifer; le protecteur fidèle qui sauva Jésus
enfant de la fureur d'Hérode; le séraphique
François d'Assise, avec l'innombrable légion
de saints et de saintes qui, depuis six siècles,
sont sortis de lui comme d'une souche bénie;
en un mot, il nous semblait voir toute l'armée céleste unissant ses prières et ses efforts
à ceux de nos bons religieux, pour que les
traits qu'ils avaient lancés dans les cœurs y
fissent plaie, y produisissent, du même coup,
la défaite de la nature et le triomphe de la
grâce!

Telles furent, selon nous, les particularités
qui donnèrent un relief inaccoutumé à la prédication franciscaine, et en firent le principal
élément du succès de notre belle Mission.

Il arriva trois fois, pendant le cours de la
Mission, que M. le Curé de la paroisse unit sa
voix à celle des Révérends Pères, pour triompher, par un effort commun, des résistances
les plus opiniâtres. Le vendredi saint, ce
digne pasteur, voyant réuni un auditoire tel
qu'il n'en avait jamais vu dans son église,
monta en chaire avant que le P. Bernard
commençât le récit de la Passion, et, en

quelques paroles courtes mais substantielles
et irrésistibles, il mit à nu les misérables prétextes par lesquels plusieurs prétendaient
encore justifier leurs criminels retards.

Le jour de Pâques, à la grand'messe, répandant son âme inondée de joie dans le
cœur de ses bons paroissiens, qui avaient si
bien profité de la Mission qu'il leur avait fait
donner, il fit un dernier appel aux pécheurs,
et jeta aux morts spirituels qui n'avaient
point encore ressuscité avec Jésus-Christ et
leurs frères, un cri de vie qu'il eût voulu être
aussi puissant que celui du Sauveur ressusci-
tant Lazare.

Enfin, le dimanche de Quasimodo, jour de
la clôture de la Mission, il dut enfoncer un
trait bien profond dans le cœur des rares
chrétiens rebelles à la grâce, en leur mettant
dans la bouche ces paroles de désespoir que
Jérémie prêtait aux Juifs qui n'avaient point
profité du temps favorable pour opérer le
salut de leur nation : « La moisson est finie,
l'été est passé, et nous ne sommes point sau-
vés ! *Transiit messis, finita est œstas, et nos
non salvati sumus !* »

Nous avons tenu à mentionner l'interven-
tion de M. le Curé dans la chaire de son église
en ces trois circonstances, parce que nous
pensons qu'elle a été d'un grand effet, et
parce que, d'ailleurs, c'est la pensée des
Pères Franciscains, que, dans les Missions, la

parole connue et aimée du pasteur, entendue quelquefois, ne peut que prêter un appui véritable à la parole des apôtres que la Providence lui a donnés pour auxiliaires.

CHAPITRE III

————

Après la prédication des bons Pères Franciscains, rien n'a plus contribué que leurs exemples et leurs prières au succès de la Mission.

Il n'y a pas de chrétien qui n'ait envié quelquefois le bonheur de rencontrer un saint, l'homme qui réalise dans sa vie la plus haute perfection qu'il soit donné à la nature soutenue de la grâce d'atteindre ici-bas.

En dehors de la sainteté essentielle, il y a comme une efflorescence de la perfection chrétienne qui se manifeste au dehors avec un éclat particulier, et c'est là ce qui donne l'idée de la sainteté telle qu'on l'entend communément ; c'est ce qui fait dire d'un homme : « C'est un saint ! » On pourrait appliquer à la sainteté arrivée à ce degré, si on la compare à la sainteté ordinaire, cette définition du beau : Le beau est la splendeur du vrai.

Or, les fidèles de Bolbec, pendant trois semaines, ont pu voir deux saints, contempler de près sur le front de deux hommes cette majesté de Dieu qui se nomme la sainteté, admirer leur belle âme dans la lumière de leur visage.

La vie des Pères Franciscains nous offrait, en effet, tous ces magnifiques exemples de pauvreté, de pénitence, d'humilité, de piété, de ferveur, de zèle, dont la réunion constitue la sainteté.

Exemples de pauvreté. On savait que ces bons Pères n'avaient rien à eux, qu'il ne leur était pas même permis de toucher une pièce de monnaie ; on les voyait couverts d'une misérable tunique grise, frangée et usée, sans coiffure pour leur tête, sans chaussure pour leurs pieds.

Exemples de pénitence. On savait qu'ils épuisaient en eux la puissance de souffrir, que tous les genres de macérations étaient à leur usage : jeûnes, veilles, couche dure, cilices, chaînes de fer, disciplines ; et que, sous leur grossier vêtement de bure, il y avait un autre vêtement plus dur encore pour envelopper leur corps ensanglanté.

Exemples d'humilité. Partout ils prenaient la dernière place : toujours ils trouvaient qu'on avait trop d'attentions pour eux, qu'ils ne méritaient pas tant d'égards ; ils se regardaient comme les serviteurs des plus pauvres d'entre nous, et c'est sous l'impulsion de ce sentiment que, le jour du vendredi saint, à midi, on les vit, avant d'avoir pris eux-mêmes aucune nourriture, aller servir le dîner aux pauvres vieillards de la maison des Petites-Sœurs.

Exemples de piété et de ferveur. Faisaient-ils quelque prière, célébraient-ils la sainte Messe, remplissaient-ils quelque fonction de leur ministère, on les aurait pris pour des anges plutôt que pour des hommes.

Exemples de zèle et d'amour pour les âmes. Prenant à peine trois ou quatre heures de repos sur vingt-quatre heures, nuit et jour, ils étaient dans l'église, priant, prêchant et confessant.

Et qu'on ne s'imagine pas que ces vertus, évidemment au-dessus des forces de la nature laissée à elle-même, aient donné à la personne des bons Pères une physionomie sévère, triste, lugubre, plus capable d'effrayer les âmes que de les attirer. Dans le spectacle de leur vie crucifiée comme dans le spectacle de la Croix, il y avait tout à la fois

quelque chose qui blessait le sens humain.
et quelque chose qui le ravissait; quelque
chose qui produisait la stupeur, et quelque
chose qui produisait l'amour. Une grace in-
comparable brillait d'ailleurs sur leurs fronts,
et une certaine transparence permettait de
voir, à travers les traits paisibles de leur visage, la joie de leur cœur. On n'eût jamais
deviné, à leur sourire, les douloureux sacrifices qu'ils s'imposaient.

Or, l'admirable vie des enfants de saint
François, où brillaient, à travers les plus effrayantes austérités, les plus aimables attraits,
était, s'il en fut jamais, une *vie édifiante;* c'est-
à-dire, selon la valeur du mot, une vie capable de produire, de créer des sentiments
nouveaux, des mœurs nouvelles, dans la vie
de ceux qui en étaient témoins. En effet,
n'offrait-elle pas, tout à la fois aux pécheurs
une lumière et une force : une lumière pour
leur révéler où était le souverain bien, une
force pour les faire entrer dans la voie qui y
mène?

En face de ces immenses multitudes
d'hommes qui, aujourd'hui, courent après les
richesses, après les jouissances, après les honneurs; qui vivent dans l'oubli complet de
Dieu et sans aucun souci de leur âme, il est
facile de se faire illusion, et de croire que le
souverain bien c'est l'argent, le plaisir, la
grandeur, le soin du corps. Mais quelle so-

lennelle protestation contre cette illusion fatale que celle des exemples de pauvreté, de pénitence, d'humilité, de religion, de zèle, que présentaient à tous les regards nos saints Missionnaires !

La seule vue de ces deux hommes, mieux que tous les discours et que toutes les démonstrations, faisait comprendre à nos commerçants, à nos manufacturiers, si empressés d'arriver à la fortune, et, par la fortune, aux jouissances et aux honneurs, qu'il y a ici-bas une opulence, une félicité, une grandeur qui ne relèvent point de la matière ; qu'il y a ici-bas un autre chemin que celui de la cupidité, de la volupté et de l'orgueil, pour arriver aux véritables richesses, au véritable bonheur, à la véritable gloire !

La seule vue de ces deux hommes faisait comprendre à nos nombreux ouvriers courbés vers la terre du matin au soir par l'unique préoccupation de leurs besoins temporels, qu'ils ont autre chose à faire ici-bas que de gagner plus ou moins bien leur vie ; qu'ils ont un Dieu à servir, une âme à sauver, un ciel à conquérir !

C'est en vain pourtant que les exemples des bons Pères auraient été pour tous une brillante lumière leur montrant le souverain bien, si ces exemples n'avaient été également pour tous une force capable de les porter à embrasser ce *souverain bien*, qui est, en même temps, le souverain devoir. Mais, de sa nature, l'exemple est plus encore une force qu'une lumière. Il n'y a pas de moyen plus efficace, pour communiquer à un homme la puissance de faire une chose grande et difficile, que de la faire sous ses yeux. Le capitaine qui veut prendre une place forte s'élance le premier à l'assaut, sûr d'entraîner après lui la masse de ses soldats. Aussi l'apôtre saint Paul, voulant élever les peuples qu'il avait évangélisés à la hauteur de la vie chrétienne, se montrait à eux, les précédant, et marchant résolûment le premier à la suite du Sauveur, et les emportait avec lui, dans sa course sublime, en leur criant : « Soyez mes imitateurs, comme je l'ai été de Jésus-Christ ! »

Or, qui eût pu voir nos bons Pères Franciscains, ces deux chefs de la milice chrétienne, nous disant, non-seulement en paroles : « Frères, allons à notre fin dernière par la pratique des vertus et l'accomplissement des devoirs religieux; montons au centre divin de notre existence, au but de la vie ! » mais se précipitant les premiers, tête baissée, dans la voie d'abnégation et de sacrifices qui conduit au terme; mais gravissant à pas de géant, sous nos regards, la croix sur les épaules, la montagne du Calvaire qui mène à la montagne de Sion; qui eût pu les voir courir, ou plutôt voler devant nous, offrant la main à quiconque voulait les suivre, sans ressentir dans son âme l'émotion et l'entraînement que ne manque jamais d'y produire le spectacle d'un grand courage et d'un sublime héroïsme?

Pas d'objections à faire, pas de prétextes à alléguer : il fallait ou bien marcher après eux, ou bien avouer qu'on n'était qu'un chrétien dégénéré, lâche et sans cœur! Et telle fut la puissance de cette prédication muette qui s'échappait de la personne et de la vie des bons Pères, que plusieurs sont rentrés en grâce sans les avoir entendus, uniquement pour les avoir vus.

Nous lisons dans la vie de saint François de Borgia que, lorsqu'il prêchait dans une certaine contrée de l'Espagne, la plupart de ses auditeurs n'entendaient pas ce qu'il disait, parce qu'il était très-difficile d'approcher de la chaire, et parce que le saint ne parlait pas bien l'idiome particulier du pays qu'il évangélisait. C'était cependant une chose étonnante de voir l'attention avec laquelle on l'écoutait, et les larmes que l'on répandait à ses sermons ; et comme on demandait à plusieurs pourquoi ils pleuraient au sermon, n'entendant pas ce que disait le prédicateur : « Comment n'être pas touchés, comment ne pas pleurer, » répondaient-ils, « en voyant ce grand seigneur qui a tout quitté pour Dieu? »

Or, quelque chose d'absolument semblable
s'est passé pendant la mission de Bolbec.
Une foule d'hommes entassés aux points ex-
trêmes de l'église, et qui n'avaient pu parvenir aux places où la parole des Pères arrivait
à l'oreille des auditeurs, n'étaient pas moins
là, attentifs et recueillis comme les autres, le
regard avidement fixé sur l'homme de Dieu
qui parlait, le visage enluminé par ce feu qui
trahit l'émotion du cœur, quelquefois les
yeux pleins de larmes; ah! c'est qu'ils étaient
bien plus émus, saisis par le spectacle d'austérité et d'héroïsme qu'ils contemplaient dans
la personne des enfants de saint François, que
par tout ce qu'ils auraient pu entendre de
beau et d'éloquent. Entretenez-vous aujour-
d'hui de la Mission avec tous ceux qui ont eu
le bonheur de revenir à Dieu dans ces jours
bénis, peu vous parleront des sermons des
Pères, mais tous vous parleront avec enthousiasme et sans tarir, de leur sublime genre de
vie ; tous vous parleront surtout des vertus
du P. Bernard, en qui la distinction de la
naissance, l'abandon de la fortune les
charmes du talent, les grâces de la jeunesse,
relevaient le prix et la valeur du sacrifice
qu'il avait fait à Dieu en prenant le pauvre
habit de saint François; ce qui prouve sans
réplique que les cœurs ont été ouverts et
vaincus par les exemples qui leur ont été
offerts, puisque ce sont de ces grands

exemples que les cœurs ont conservé les plus profonds et les plus vifs souvenirs.

La prédication par les paroles et par les exemples est une semence, mais une seule chose peut la faire germer dans l'âme ; c'est la prière. Comme l'affaire de la conversion des âmes est une affaire purement surnaturelle, on en vient mieux à bout par des prières ferventes et par les gémissements du cœur que par tout autre moyen, quelque puissant qu'il soit ; aussi avons-nous mis encore les prières des bons Franciscains au nombre des éléments qui ont fait le succès de notre Mission.

Rien ne nous a paru, chez nos saints Missionnaires, supérieur à l'esprit de pénitence, sinon, peut-être, l'esprit de prière. Nous avons vu le P. Jean-Baptiste passer au pied du saint Sacrement les six premières heures de son séjour parmi nous ; et, toutes les fois que nos deux hommes de Dieu avaient un moment libre, c'était devant l'autel qu'il fallait aller les chercher. Lorsque l'affluence des pénitents les retenait tout un jour ou toute une nuit au confessionnal, ils pouvaient bien se passer de nourriture, ils pouvaient bien se passer de sommeil, mais ils ne pouvaient se passer de la prière. On les voyait tout à coup sortir du sacré tribunal, courbés sous la fatigue, exténués. Et où allaient-ils? s'agenouiller quelques minutes en présence du Dieu de nos autels, puis, après avoir puisé de nouvelles forces dans un court mais fervent entretien avec Celui qui aima les âmes jusqu'à la mort, ils revenaient, reposés, et remplis d'une nouvelle ardeur, reprendre leurs saintes fonctions. S'ils n'avaient pu se le procurer autrement, c'était sur les courts moments de leurs repas que les bons Pères prélevaient le temps de la prière. Le jeudi saint, M. le Curé avait réuni autour de sa table les honorables membres de la fabrique qui avaient eu le bonheur de communier ce jour-là, anniversaire de la cène du Sauveur, pour les faire jouir de la présence et de la conversation des enfants de saint François ; mais il avait compté sans le besoin de prière qui tourmentait bien plus le cœur du P. Jean-Baptiste que le besoin de nourriture. A peine le saint homme, qui n'avait pas mangé depuis la veille à midi, eut-il pris un peu de potage, qu'il disparut de la table pour n'y plus reparaître ; et où passa-t-il le temps du repas ? Dans la chapelle ardente, où l'on conservait le saint Sacrement pour l'office du lendemain. C'est là qu'on le trouva après le dîner, en prière, ou plutôt en extase. Les bons Pères Franciscains ne se contentaient pas de prier en général pour tous les pécheurs de la paroisse, ils accueillaient avec bienveillance toutes les recommandations qui leur étaient faites de prier pour tel ou tel pécheur en particulier, et lorsque la nouvelle de la conversion du pécheur auquel ils s'étaient spécialement intéressés venait réjouir leur cœur, ils avouaient en toute simplicité que cet heureux résultat était le fruit, non de leurs prédications, mais de leurs prières. Comme on apprenait un jour au P. Jean-Baptiste le retour d'un homme qui occupait un rang assez considérable dans la paroisse, et dont l'exemple pourrait entraîner d'autres conversions, il répondit par ces seules paroles : « Nous avons tant prié pour lui ! »

A la prière des Pères Bernard et Jean-Baptiste, se joignait, pour attirer les grâces de Dieu sur nous, la prière de tous les enfants de saint François répandus encore aujourd'hui sur la surface du monde, au nombre de soixante mille, si l'on ne compte que les religieux du premier ordre ; au nombre de quatre cent mille, si l'on compte les Clarisses (1) et les Tierçaires (2). On sait, en effet, que du sein de la grande famille de saint François, on fait

(1) Saint François avait fondé son premier ordre en 1209. En 1212, il en établit un second destiné aux religieuses cloîtrées connues sous le nom de Pauvres Dames, ou Clarisses, du nom de sainte Claire leur première Supérieure. Il y a encore en France une vingtaine de monastères de Clarisses.

(1) En 1234, saint François établit en faveur des personnes du monde un troisième ordre, auquel il donna le nom de Tiers Ordre de la Pénitence. Cet ordre, dont les frères et les sœurs se comptaient autrefois par milliers dans le monde catholique, a reparu en France avec les Pères Franciscains.

sans cesse monter vers le ciel l'encens des prières les plus ferventes, le parfum des sacrifices les plus héroïques, en faveur des Missions données par les Pères de l'ordre, et la ville de Bolbec eut, pendant trois semaines, sa part abondante de la pluie de grâces que tant de soupirs du cœur, unis au sang de la plus rude pénitence, fait continuellement tomber sur la terre.

Ce n'était point tout. S'il y avait ici-bas des prières en faveur de notre Mission, il y en avait au ciel. On peut dire de toute société religieuse ce qu'un éloquent prélat a dit de l'Eglise : Toute société religieuse, surtout lorsqu'elle a pour fondement un antique passé, a une partie supérieure voilée aux regards, un prolongement dans le ciel, où elle compte des protecteurs dont le puissant concours lui est assuré. Il n'en est pas, à cet égard, des sociétés religieuses comme des sociétés politiques : à mesure que le temps ravit à une nation des citoyens utiles ou distingués, il y a pour elle une déperdition de forces. L'activité qu'ils avaient mise à son service pendant la vie est remplacée par l'inertie de la mort. Les choses ne se passent pas ainsi dans les grandes sociétés spirituelles qu'on nomme ordres religieux. Les membres de l'ordre qui disparaissent aux yeux des hommes, vont continuer dans le ciel, sous une forme plus pure, les services qu'ils rendaient à la terre. Leur concours ne cesse pas, il se transforme et s'élève : de serviteurs qu'ils étaient, ils deviennent protecteurs. Leur mort est une perte qui se répare elle-même ; ou plutôt, c'est un dommage fortuné. Ce qu'une congrégation perd en activité terrestre, elle le gagne en puissance céleste. De là il suit que tous les enfants de saint François morts depuis six siècles, et qui jouissent au ciel des mérites de leur vie pénitente et apostolique, ne restent point indifférents et étrangers aux travaux des religieux leurs frères ; que les François, les Antoine de Padoue, les Bernardin de Sienne, les Léonard de Port-Maurice, n'ont point cessé de faire partie de la grande armée de l'ordre Séraphique, n'ont point déserté les rangs des Frères Mineurs, et que, s'ils ne combattent plus avec eux par la parole, ils combattent, avec non moins d'avantage, par la prière. De même que tous les instants de leur vie militante ont été consacrés au service des âmes, tous les instants de leur vie triomphante ont le même emploi ; avec cette différence, que, sur la terre, ces grands saints étaient engagés dans la lutte et payaient de leur personne, tandis que, dans la patrie, ils dirigent et fécondent par leur puissante intercession les travaux de ceux qui les ont remplacés sur le champ de bataille. Qu'on ne méprise pas cet humble et pauvre Franscicain qui entre, avec toutes les apparences de la faiblesse, dans le village ou la ville qu'il vient évangéliser ; il à derrière lui une armée qui l'appuie, l'armée des milliers de saints dont la famille de saint François a peuplé le ciel !

CHAPITRE IV

DE L'APOSTOLAT EXERCÉ PARMI LES ENFANTS
ET PAR LES ENFANTS.

Aux prières, aux exemples, aux prédications
de nos vénérables Missionnaires, il faut joindre
encore deux derniers éléments qui n'ont pas
peu contribué au succès de notre Mission : les
soins donnés aux enfants, et les cérémonies funèbres en faveur des morts.

Le P. Bernard avait annoncé que, dans
les trois premiers jours, les Missionnaires
s'occuperaient exclusivement de *la petite
jeunesse ;* c'était son mot, que nous avons
voulu conserver. Donc, dès le lundi matin de
la semaine de la Passion, les parents et les
maîtres se hâtèrent d'amener à l'église et de
faire ranger autour des confessionnaux des
bons Pères tous les petits enfants de la paroisse
depuis l'âge de cinq ou six ans jusqu'à l'âge
de la première communion.

A ce spectacle, plusieurs personnes des mieux intentionnées disaient : « A quoi bon fatiguer les Missionnaires en leur présentant tout ce petit monde ? Ne vaudrait-il pas mieux qu'on les laissât réserver leurs forces pour les travaux les plus importants de la Mission ? » Ah ! ceux qui tenaient ce langage ne savaient pas que l'enfance est la première et la plus irrésistible puissance qui agisse sur le cœur de Dieu et sur le cœur de l'homme ; et que, par conséquent, elle peut devenir l'instrument le plus efficace de la conversion d'une paroisse ; ceux qui tenaient ce langage oubliaient l'exemple que Notre-Seigneur Jésus-Christ avait donné aux apôtres de tous les siècles ; ils oubliaient que ce divin Sauveur avait aimé à se voir entouré d'enfants, à leur prodiguer ses soins et ses caresses ; et cela, sans doute, parce que l'enfant, c'est la simplicité, la candeur, l'innocence, ce qu'il y a sur la terre de plus ravissant aux yeux de Dieu ; mais aussi parce qu'il voulait attirer les hommes à lui par tous les moyens, même par les moyens humains que fournit la connaissance de la nature : « *In vinculis Adam traham eos.* »

Toutefois, ce que le monde ne savait pas, les Pères Franciscains le savaient bien ; et voilà pourquoi ils ont consacré les premiers jours de la Mission aux enfants, les rassemblant autour d'eux, les faisant tous, autant que possible, passer par leur confessionnal. Il y

allait de l'intérêt des enfants d'abord, et
c'était un motif suffisant déjà, l'enfant étant
l'homme lui-même, avec tout son avenir ren-
fermé dans ses jeunes années; l'enfant étant
l'espérance de la famille, de la société civile
et religieuse, qui se renouvellent et se rajeu-
nissent en lui. Négliger les enfants dans une
Mission, travailler à la régénération religieuse
et morale d'une paroisse sans s'occuper des
enfants, ce serait bâtir un édifice en com-
mençant par le faîte. Il y allait de l'intérêt
des enfants, car il est des impressions qui ont
une influence souveraine sur leur jeune
cœur, et rien n'égale celles qu'ils auront dû
recevoir de la parole du Père Franciscain
leur apparaissant avec un prestige plus qu'humain, avec l'autorité, à nulle autre comparable, que lui donnaient sur eux son air
austère, son capuce, sa corde, son gros chapelet, ses pieds à vif, sa tête rasée comme la
tête d'un mort. Qui sait si, plus tard, une vie
entière de foi et de vertu, si même une
vocation religieuse ou sacerdotale, ne seront
point l'éclosion, la floraison de ce petit mot
du bon Dieu, germe précieux tombé des
lèvres des bons Pères dans le cœur naïf et
pur de nos petits enfants ?

De plus, il était dans l'intérêt des parents
que les bons Pères vissent leurs enfants,
parce qu'ils trouvaient par là l'occasion de
recommander à chaque enfant de prier pour

son père et sa mère, et de lui enseigner certaines petites industries par lesquelles il pourrait gagner le cœur des auteurs de ses jours
pour les ramener à Dieu.

Or, suivons tous ces enfants au sortir du
confessionnal où ils ont été exhortés et bénis
par les Pères Franciscains. Voilà d'abord
que, pour obéir à la promesse qu'ils ont
faite, ils vont s'agenouiller devant le tabernacle ou l'autel de la Sainte-Vierge et y former des groupes d'anges terrestres, trahis-
sant, par l'émotion qui colore leurs joues,
quelquefois par les larmes qui coulent de
leurs yeux, la ferveur avec laquelle ils s'effor-
cent d'obtenir la vie de la grâce à ceux qui
leur ont donné la vie de la nature. Spectacle
touchant, qui n'a pas dû moins attendrir le
cœur de Dieu que le cœur des fidèles qui en
étaient témoins! Du sanctuaire, les petits
enfants qui ont reçu les prémices du ministère des Pères se rendent à la maison paternelle. Entrons-y en leur compagnie; c'est là
surtout qu'il nous sera donné de constater
jusqu'à quel point ces faibles créatures ont
été les auxiliaires de nos Missionnaires dans
la grande œuvre qu'ils ont accomplie au milieu de nous! Le père et la mère de famille
ont un instant interrompu leurs travaux pour
prendre leur repas; leurs enfants sont à table
à côté d'eux, et, ce jour-là, ils ont la langue
plus agile encore que de coutume. Il faut

bien qu'ils racontent à ceux qu'ils aiment tout ce qu'ils ont vu, tout ce qu'ils ont entendu à l'église. Il faut bien qu'ils leur disent qu'il y a dans la paroisse des hommes qui n'ont pas de souliers aux pieds, qui ont une grosse corde autour des reins, et qui sont venus pour prêcher tous les jours; c'est l'annonce la plus répandue et la plus bruyante qui puisse être faite des exercices de la Mission. Il faut bien qu'ils expriment par mille exclamations combien ils sont heureux d'avoir été à confesse; qu'ils racontent tout ce qu'on leur a dit au tribunal sacré; qu'ils parlent, sans tarir, de la douceur, de la bonté, de l'amabilité des Pères Franciscains: et c'est là un attrait qui invite les consciences pleines à aller se répandre là où les attend un amour si paternel! Dans le cours de la journée, les parents, à qui rien n'échappe de ce qui se passe en leurs enfants, remarquent que ces chers petits ne sont plus reconnaissables, qu'ils sont recueillis dans la prière, dociles et obéissants à tous leurs ordres; ils voient resplendir sur leur jeune front une lumière inaccoutumée, reflet des bonnes dispositions de leur âme et de la joie de leur cœur. C'est là une apparition séduisante de la vertu, qui attire les pécheurs, en leur rappelant le chaste bonheur dont elle fut pour eux autrefois la source intarissable. Le soir, le petit garçon, la petite fille disent à leur père,

en l'embrassant avant d'aller prendre leur
repos : « Papa, nous allons prier pour toi, le
Père Franciscain l'a dit; » et aussitôt ils tombent à genoux sous les yeux du père attendri,
et c'est là une invitation irrésistible à la
prière. Quel père pourrait voir son jeune
enfant prier pour lui, et ne pas unir sa voix à
la sienne ? Mais s'il prie, il est vaincu, il
est converti ! Les enfants ne doutent de rien,
et ils croient que tout doit céder à leurs im-
portunités et à leurs prières; leur zèle n'est
pas, d'ailleurs, tempéré par cette prudence
qui se trouve dans les grandes personnes : ils
ont les bénéfices d'une heureuse témérité
sans en avoir à craindre les inconvénients ;
aussi arriva-t-il plusieurs fois que ceux qui
n'avaient pas eu le bonheur de ramener leurs
parents au bon Dieu par les moyens indirects
dont nous venons de parler, abordaient direc-
tement la question délicate, et ne craignaient
pas de dire tout haut à leur père et à leur
mère ce que Dieu demandait d'eux. Une
petite fille de six ans disait à son père :
« Papa, viens à confesse ; viens avec moi; le
bon Père me connaît, tu n'auras pas peur. »
Une autre jeune enfant s'écriait en sautant
au cou de son père. « O mon petit père, tu
es bien content de moi quand je t'obéis ;
pourquoi n'obéirais-tu pas aussi au bon Dieu?
le bon Dieu, c'est aussi ton père à toi, Papa,
et il veut que tu te confesses et que tu com-

munies. » Le père se trouva surpris et dupe
de cette leçon qu'il n'attendait point sur des
lèvres si jeunes; mais le coup était porté : il
éloigna son enfant, pour qu'elle ne vît pas
ses larmes ; le lendemain il se confessait, et
quelques jours après, il communiait!

Si l'on veut bien réfléchir que ces scènes
touchantes se passèrent, non point dans une
maison en particulier, mais dans toutes les
maisons de la paroisse, au sein de toutes les
familles, on comprendra jusqu'à quel point
les Pères Franciscains servirent les intérêts
généraux de la Mission en se donnant aux
enfants pendant quelques jours; on comprendra que, tout en ne paraissant travailler
que pour le premier âge, ils travaillaient pour
tous les âges de la vie, en dressant ces gra-
cieux instruments de conversion dont la faiblesse même fait la puissance.

Ils étaient bien jeunes ces auxiliaires que
s'était créés le zèle ingénieux des bons Pères,
cependant il était un âge plus tendre encore
dont ils voulurent également tirer parti pour
le bien de la Mission.

Le P. Bernard, conduit par M. le Curé,
se rendit à la salle d'asile, et là, heureux de
se trouver en face de plus de deux cents petits enfants dont la plupart n'avaient guère
que deux, trois et quatre ans, il leur com-
manda de se tenir tous debout sur les gradins
de leur amphithéâtre comme des criminels

devant leurs juges, leur fit confesser tout haut les fautes légères que se reprochait leur âge; puis il les fit mettre à genoux pour demander pardon au bon Jésus que leurs péchés avaient cloué sur la Croix; mais, surtout, pour demander les grâces de conversion nécessaires aux familles auxquelles ils appartenaient.

Assurément, si quelque chose était capable d'attendrir le cœur de Dieu en faveur des pécheurs de la paroisse, c'était la prière de ces tout petits enfants, prière si naïve, si pure, si désintéressée! En eux, tout priait, car tout était innocent, de cette innocence qui s'ignore elle-même, mais qui n'en rend pas moins sa prière plus acceptable que tout autre. Petits enfants de la salle d'asile, faibles et innocentes créatures, qui, hier encore, étiez dans votre berceau, ah! quiconque vous a vus courber vos faibles genoux, joindre vos petites mains, et demander, en des termes que vous ne compreniez pas encore, la conversion d'un père bien-aimé, d'une mère chérie, ne s'étonnera plus des flots de bénédiction qui ont coulé à pleins bords dans toutes vos familles! Et si vous ne savez pas, pères et mères qui étiez depuis longtemps éloignés des sacrements, comment vous vous êtes trouvés tout à coup résolus à vous jeter aux pieds des hommes de Dieu que le Ciel vous avait envoyés, si vous ne savez pas com-

ment cela s'est fait si tôt et si bien, l'ange
gardien de vos petits enfants le sait parfaitement, car il était à côté d'eux et priait avec
eux lorsque leur voix encore bégayante vous
obtint une vie plus précieuse que celle qu'ils
avaient reçue de vous : la vie de la grâce !

CHAPITRE V

PRIÈRES ET CÉRÉMONIES POUR LES MORTS. —
UNE STATION AU CIMETIÈRE, LE DIMANCHE
DES RAMEAUX.

———

Les premiers jours de la première semaine
des exercices avaient été consacrés aux enfants; les derniers jours furent consacrés aux
morts, en faveur desquels on organisa de
pompeuses cérémonies funèbres.

Le vendredi de la semaine de la Passion.
le P. Bernard nous fit cet appel sympathique, qui trouva un vif écho au fond de
tous les cœurs : « Mes frères, nous sommes
venus, nous vous le disions dès la première
parole qui est tombée de nos lèvres pour
vous, nous sommes venus vous apporter la
paix, rendre la liberté des enfants de Dieu à
ous les fidèles de cette paroisse. Mais, pen-

dant qu'il dépend de vous de briser les liens de vos iniquités, et de vous approcher, par la grâce, du Seigneur votre Dieu, vous avez des frères plus malheureux que vous, qui, retenus dans les flammes du purgatoire, ne peuvent s'affranchir par eux-mêmes de la captivité qui les retient loin de Dieu. Le temps de la Mission, c'est le temps de la délivrance : temps de délivrance pour vous, mais temps de délivrance aussi pour vos parents et vos amis qui sont sortis de ce monde sans avoir payé leurs dettes à la justice divine. Or, nous croyons répondre aux désirs et aux besoins de vos cœurs en célébrant, demain samedi, un service solennel pour tous les défunts de la paroisse, et en vous convoquant tous pour nous rendre en procession au cimetière, dimanche prochain, jour des Rameaux, afin de répandre l'eau sainte sur leur tombe, et d'y planter le buis bénit. »

Le samedi matin, le glas funèbre retentissait en fréquentes volées comme au jour des Morts ; l'église était toute tendue de noir, un catafalque entouré d'un nombreux luminaire était dressé au milieu de la nef, et les paroissiens les moins dévots, à qui la prière pour les morts est toujours chère et douce, parce qu'elle est un devoir du cœur en même temps qu'un devoir de religion, étaient accourus avec empressement. Le P. Bernard, malgré ses fatigues, célébra lui-même l'office divin, touchante attention qui émut la foule immense présente au sacrifice ! C'était l'espoir de tous que la divine Victime immolée et offerte en faveur des morts par le séraphique enfant de saint François aurait une grâce spéciale qui inclinerait à une grande miséricorde le cœur du souverain Juge des vivants et des morts. Plusieurs savaient d'ailleurs que Dieu avait accordé aux Frères Mineurs le privilége de prier avec plus d'efficacité pour les âmes du purgatoire, et que, selon une pieuse tradition, leur patriarche saint François descendait en personne dans le purgatoire, le 4 octobre, jour de sa fête, pour en retirer les âmes auxquelles sa charité voulait bien s'intéresser.

Le lendemain, dimanche des Rameaux, à l'issue des Vêpres, eut lieu la grande procession qui avait été annoncée. Le signe du salut ouvrait la marche ; puis venait le clergé, faisant retentir le long du chemin les chants lugubres usités dans les funérailles. M. le Curé, qui présidait la cérémonie, était revêtu de l'étole noire ; et les deux enfants de saint François, tête et pieds nus, appuyant leur corps brisé sur un long bâton surmonté d'une petite croix en fer, marchaient, l'un à sa droite, l'autre à sa gauche. Derrière le clergé, se pressait une foule immense, composée, non-seulement des fidèles de la paroisse, mais d'un grand nombre de fidèles des paroisses voisines, tous ayant sur leur visage cet air recueilli et triste qu'inspire la vue ou le souvenir de la mort; plusieurs même portaient des habits de deuil.

Arrivé au cimetière, tout ce peuple, qu'on eût pris pour un immense convoi, après avoir un instant couvert de ses longues phalanges la vaste étendue du champ funèbre, se resserre au pied de la Croix. M. le Curé entonne le *De profundis*, que poursuivent les voix émues du clergé et des fidèles, et au dernier verset, pendant le *Requiem* qui termine ce psaume de la mort, le P. Bernard monte sur un degré du Calvaire, d'où il domine toute la foule et s'apprête à parler.

Assurément, s'il est des circonstances qui peuvent donner à la parole d'un homme une portée plus universelle et une force plus pénétrante, elles se trouvaient toutes réunies autour du P. Bernard en ce moment solennel. Quel auditoire ! quel lieu ! quel orateur ! Il y avait là, dans le cimetière, six mille personnes, c'est-à-dire, à part quelques étrangers, toute notre population. Ceux que la foi et l'amour de Dieu n'avaient point réussi à faire entrer dans l'église, avaient été amenés dans le séjour de la mort par le cri de la nature et le reste d'amour qu'ils avaient conservé pour leurs parents défunts. Ceux qui ne craignaient point d'affliger le cœur de Dieu par leur absence devant les autels et autour de la chaire de vérité, auraient craint d'affliger le cœur de leurs chers trépassés par leur absence au rendez-vous général qui avait été donné autour de leurs tombeaux.

La ville de Bolbec, on peut le dire, était donc là tout entière, avec ses habitants de tout sexe, de tout âge, de toute condition : hommes, femmes, vieillards; jeunes gens, riches, pauvres; personne ne manquait. Et où étaient posés les pieds de ces milliers d'auditeurs? Sur la cendre des morts, sur les ossements et les débris de ceux qu'ils avaient le plus aimés ici-bas, sur une terre qu'ils foulaient aujourd'hui, et qui, demain, peut-être, écraserait de son poids leur dépouille mortelle. Chacun pouvait se dire à soi-même : « A cette même place où je suis debout à l'heure qu'il est, je serai couché pendant les longs siècles qui précéderont la résurrection ! » Qui allait élever la voix dans cette lugubre enceinte? Un jeune apôtre, mort au monde dans la plénitude de la vie, et dont le seul aspect ajoutait encore à la majesté et à la terreur du lieu. Aussi, quel effet ne durent pas produire sur tous les cœurs ces grandes et émouvantes paroles, dites devant un pareil auditoire, en pareil lieu, et par un pareil apôtre !

« Humble et pauvre enfant de saint François, je n'oserais certainement pas en ce moment, mes frères, m'adresser à toute une ville debout sur des tombeaux ; je craindrais que ma chétive voix ne fût à la hauteur, ni de l'auditoire, ni du lieu où il est assemblé ; mais ce n'est pas moi qui vais vous parler, mes très-chers frères, ce sont vos parents, vos amis, tous ces morts dont vous foulez les cadavres, en attendant que vous veniez dormir à côté d'eux. Ne vous en étonnez pas : la sainte Écriture nous apprend que dans la paix de la tombe et dans le silence du sépulcre, il reste une voix aux morts : *Defunctus adhuc loquitur*. Et que disent-ils, mes frères, ces riches commerçants, ces femmes élégantes, ces magistrats que vous avez connus, révérés, à qui vous avez fait un cortége d'honneur, lorsqu'ils sont venus prendre possession de cette dernière demeure où nous les visitons aujourd'hui ? Ce qu'ils vous disent ?... un seul mot, mais un mot assez puissant, si vous l'entendez bien, pour changer la direction de votre vie : Voyez, hommes insensés, voyez donc où viennent s'aboutir les richesses, la beauté, le pouvoir, les dignités humaines ! Voyez donc sous vos pas ces six pieds de terre qui, demain ou un peu plus tard, doivent se creuser pour vous engloutir comme nous ; pour vous dévorer, vous, vos biens, vos grâces et vos honneurs. Au moment où nous avons rendu le dernier soupir, la mort a illuminé pour nous d'un éclat qui durera autant que l'éternité, cette parole trop oubliée du Sage : **Vanité des vanités, tout n'est que va-**

nité, si ce n'est aimer Dieu et le servir lui seul. Mais, hélas ! c'était trop tard pour notre salut, et pendant que notre chair trop flattée est ici dans les entrailles de la terre, mangée par les vers, notre âme brûle, et brûlera à jamais dans les enfers. Mon Dieu! si nous pouvions recommencer notre existence ! Si, comme vous, nous avions au moins en notre pouvoir les trois semaines de Mission que la bonté de Dieu vous accorde; si, comme vous, pour nous arracher aux étreintes de la justice divine, nous n'avions qu'à nous agenouiller aux pieds d'un prêtre et à lui dire : Mon Père, j'ai péché ! Misérables damnés que nous sommes, bien vite nous deviendrions des élus. Mais impossible! Le temps des miséricordes une fois passé ne revient plus. Ah ! que le malheur de vos pères vous instruise, vous qui êtes nos enfants, du moins nos descendants. Ne venez pas par le même chemin aux mêmes abîmes ; car il est horrible, nous en faisons l'épouvantable épreuve, il est horrible de tomber entre les mains du Dieu vivant !...

» Cependant, mes frères, s'il est des voix qui sortent de la tombe pour vous montrer le néant des choses humaines, et vous donner de salutaires avertissements, il en est d'autres qui s'en élèvent pour implorer votre pitié, et vous demander assistance. De pauvres âmes retenues dans les flammes du purgatoire vous crient d'un ton suppliant : Ayez pitié de nous, vous du moins qui fûtes nos amis ; car la main du Seigneur a pesé sur nous. Enfants, souvenez-vous de celui qui fut votre père ; époux, souvenez-vous de celle qui fut votre épouse ; tous, souvenez-vous de ceux avec lesquels avez vous eu des relations de voisinage, de profession, d'amitié ; de ceux dont vous portez le nom, dont vous habitez les maisons, dont vous avez recueilli l'héritage. Vous dites que vous nous aimez encore ; prouvez-nous-le, en nous faisant l'aumône d'une prière qui nous rapprochera du Dieu loin duquel nous languissons.... Qui d'entre vous, mes très-chers frères, pourrait mépriser ces cris plaintifs, et n'y pas donner satisfaction ? Aucun, j'en ai la douce conviction. Tous, vous prierez, et vous prierez beaucoup, pour vos morts bien-aimés ; mais, afin que cette prière soit plus fervente et plus efficace, brisez vos rangs ; allez de ce pas vous agenouiller sur la tombe de ceux qui vous ont été chers ici-bas, à quelque titre que ce soit ; plantez sur le gazon qui recouvre leur dépouille mortelle la verte branche de buis, symbole tout à la fois de leur résurrection future et du souvenir impérissable que vous leur conservez. Puis, pendant que vous serez à genoux, priant pour eux, nous allons nous-mêmes parcourir ce champ de la mort, unir nos prières aux vôtres, mêler l'eau sainte à

5

vos larmes sur les tombes où vous serez pros-
ternés. Puisse notre marche à travers votre
cimetière être l'image de la miséricorde divine visitant aujourd'hui le purgatoire, et
arrachant à ses tortures les âmes pour lesquelles nous aurons prié tous ensemble!»

Cette invitation répondait trop bien aux
besoins des cœurs pour n'être point écoutée.
En un clin d'œil, la masse énorme de fidèles
qui encombrait les abords de la Croix s'était
dispersée, et partout le cimetière on ne voyait
plus que des groupes particuliers formés sur
chaque tombe. Grand et émouvant spectacle,
s'il en fut jamais ! Le cimetière d'une grande
ville, d'ordinaire si silencieux, si désert, couvert sur toute sa surface d'une multitude de
vivants qui correspond à la multitude des
morts qu'il recèle en son sein ; un père avec
ses enfants sur la tombe d'une mère ; un
jeune époux et une jeune épouse sur la tombe
d'un enfant ; des familles entières en grand
deuil sur des tombes fraîches encore ; tout ce
monde à genoux, la tête inclinée sous l'impression des plus déchirants souvenirs, les
yeux baignés de larmes ; les Pères Franciscains seuls debout, et, avec le clergé pour
cortége, traversant, comme des anges libéra-
teurs, cette foule éplorée ; passant le long de
toutes les tombes, et jetant l'eau bénite à la
fois sur les morts et sur les vivants, pour procurer le soulagement des uns et la sanctifica-

tion des autres ; les soupirs entrecoupés des familles se mêlant aux chants funèbres du clergé ; ces soupirs devenant plus fréquents, plus forts, à mesure que les Révérends Pères approchaient des endroits où s'étaient faites les dernières inhumations, où se trouvaient par conséquent des veuves, des orphelins dont la douleur récente n'avait point encore reçu l'apaisement du temps ; les larmes provoquant de plus en plus les larmes, l'émotion se communiquant de tombe à tombe, et croissant dans tous les cœurs comme un flot qui monte ; d'immenses sanglots se répondant d'un bout du cimetière à l'autre : ô Dieu ! qu'un pareil spectacle a dû désarmer votre justice ! Que tant de déchirantes supplications ont dû briser de chaînes dans le séjour de l'expiation ! Que tant de pleurs ont dû y éteindre de flammes ! Tel était aux yeux de tous le prix de ces bénédictions et de ces prières qui avaient été répandues sur toutes les tombes, que les Révérends Pères ayant oublié de visiter un coin du cimetière, les familles qui n'avaient point été bénies avec leurs morts vinrent les arrêter au moment où la procession, sortie de l'enceinte sacrée, était déjà en marche pour retourner à l'église, et les conjurèrent avec larmes de revenir sur leurs pas, pour réparer un oubli trop cruel à leur cœur ; ce que fit avec empressement le P. Bernard, mais non sans grande peine, car nous crûmes qu'il ne réussirait jamais à fendre les flots de la multitude qui suivait la procession.

Maintenant, si tous comprennent que ces cérémonies funèbres ont dû être utiles aux morts, tous ne comprennent pas également, peut-être, de quelle manière elles ont pu servir aux vivants, et contribuer au succès de la Mission. Mais, d'abord, il est certain que les âmes des défunts, une fois admises au ciel, n'ont pu oublier ni les auteurs ni l'occasion de leur délivrance. Il est certain que ces bonnes âmes, affranchies par la Mission, ont consacré à la Mission les prémices de leur crédit, et qu'au milieu des enivrements et des extases de la vision béatifique, elles ont donné au moins une prière à ceux dont la prière les avait introduites dans la patrie, obtenu la grâce et la conversion à ceux à qui elles devaient le ciel et la possession de Dieu. Ensuite, rien n'était plus propre que les émotions produites par les cérémonies en faveur des morts, à saisir fortement les pécheurs, à les soustraire à la préoccupation dévorante des choses humaines, à briser dans leur cœur cette glace d'indifférence, d'orgueil, de roideur, d'insensibilité, qui empêche la divine parole d'y pénétrer et d'y germer, et semble ne donner prise à aucun effort du zèle. Comment, en effet, les pécheurs les plus insouciants, les plus hautains, les plus rebelles au-

raient-ils pu pendant deux jours arrêter leurs
pensées et leurs affections sur la mort, contempler dans la nef du temple, sous le catafalque vide, la place que leur corps froid et
inanimé occupera bientôt ; comment auraient-ils pu se trouver dans le cimetière, sur
cette redoutable frontière des deux mondes,
recueillir la parole inspirée d'un apôtre, leur
montrant, à la lueur du sépulcre, le néant des
biens et des joies que poursuivait leur vie, leur
communiquant l'effroi qu'il avait ressenti le
premier en face des terribles conséquences de
la mort, faisant appel, au nom des trépassés,
aux plus anciens sentiments, aux plus douces
affections de leur nature ; comment auraient-
ils pu être là, agenouillés sur la tombe de ceux
qu'ils avaient le plus aimés ici-bas, dans un
contact immédiat avec leur poussière, arrosés
par cette même eau qu'on jettera un jour sur
leur cercueil, étourdis par le bruit des pleurs
et des gémissements ; comment auraient-
ils pu éprouver toutes ces impressions vraiment foudroyantes, et ne pas sentir leur âme
s'agiter et se réveiller, leur orgueil s'abattre,
leur cœur s'amollir et s'émouvoir, leurs yeux
se remplir de larmes ? Mais l'homme qui
réfléchit, qui sort de son apathie, qui s'abaisse,
qui s'attendrit et qui pleure, est un homme
perdu pour le démon et l'enfer, et devient,
pour la grâce de Dieu, une conquête facile.

Ainsi donc, les cérémonies funèbres, les

soins donnés aux enfants, les prières, les exemples, les prédications des Pères Franciscains, tels ont été, croyons-nous, les principaux éléments du succès de notre grande Mission, dont il nous faut maintenant considérer les résultats.

CHAPITRE VI

RÉSULTATS DE LA MISSION. — MERVEILLES DE
LA GRACE.

———

Voici le sommaire de ces résultats vraiment
magnifiques. Une ville industrielle de dix
mille âmes, agitée pendant trois semaines
d'une préoccupation plus forte que celle de
son commerce et de ses travaux ; ses habitants de tout sexe, de toute condition, de
tout âge, se disputant la place autour de la
chaire évangélique, où deux pauvres religieux annonçaient la parole de Dieu ; les
âmes pieuses de la paroisse affermies dans la
paix de la conscience, ranimées dans l'esprit
de ferveur et de sacrifice, éprises d'un saint
zèle pour le salut de leurs frères en Jésus-
Christ, exerçant à l'égard de leurs parents,
de leurs amis, un ardent et fécond apostolat ;

presque tous les pécheurs changeant de conduite, de mœurs, de vie ; les tribunaux de la
pénitence assiégés jour et nuit par une foule
immense ; la table sainte comptant ses convives chaque jour par centaines, et chaque dimanche par milliers ; enfin, les Révérends
Pères Franciscains, instruments des miséricordes divines, recevant, sans préjudice de
celle que Dieu leur réserve, une récompense
terrestre dans les témoignages expressifs et
réitérés de la sympathie de tout un peuple :
quelles merveilles de grâces! Puissions-nous
ne pas les raconter trop imparfaitement à
ceux qui, moins heureux que nous, n'en ont
pas été les témoins !

Oui, quiconque serait venu à Bolbec pendant tout le temps que durèrent les exercices
de la Mission, aurait trouvé une grande et forte
préoccupation dominant toutes les préoccupa-
tions ordinaires de travaux et de plaisirs : la
préoccupation des choses religieuses. Dans
les conversations, qui reflètent si bien les pensées de l'esprit et les inclinations du cœur, il
n'était plus question ni de politique, ni de
commerce, ni de fêtes ; on ne parlait que de
la Mission, que des Pères Franciscains, de
leur dévouement, des nouveaux convertis.
Chacun se sentait élevé au-dessus de l'at-
mosphère épaisse des intérêts vulgaires de la
vie ; il semblait qu'on respirait dans une région plus haute, sous un ciel plus pur que de

coutume ; il y avait dans l'air comme un courant invincible qui entraînait l'âme, comme
un souffle tout-puissant qui la portait natu-
rellement et sans effort à Dieu et aux œuvres
de religion.

Aussi, quel besoin et quelle faim de la parole de Dieu ! quel empressement pour venir
l'écouter ! Dès cinq heures du matin, toutes
les âmes pieuses de la paroisse étaient grou-
pées devant l'autel de la Sainte-Vierge pour
la méditation faite à haute voix par un des
Pères. A dix heures, toutes les personnes
libres, à qui le genre de vie et de travail
laissait la disposition de leur temps, remplis-
saient l'église pour entendre une instruction
dogmatique sur les sacrements. Mais c'était
surtout après la fin des travaux, et pour le
grand sermon du soir, que maîtres et ouvriers, hommes et femmes, se pressaient dans
l'enceinte trop étroite du saint temple. Ce
sermon avait lieu à huit heures ; mais dès six
heures la grande nef de l'église et la nef la-
térale qui fait face à la chaire regorgeaient
déjà d'une multitude qui trouvait que c'était
bien peu d'acheter par deux heures d'attente
le bonheur d'écouter les bons Pères. Vers
sept heures, les familles qui avaient des places
louées dans les bancs des trois nefs, se hâ-
taient d'en prendre possession ; car quelques
instants plus tard, à cause de l'encombrement
dans les allées et les contre-allées, il leur eût

été impossible d'y parvenir. En effet, arrivait bientôt, comme un flot immense, la foule qui sortait des nombreux établissements industriels de la cité, et en un clin d'œil elle garnissait les coins et les recoins de l'église déjà trop pleine ; plus de six cents hommes venaient s'entasser dans le chœur, ouvert au public pour le temps des instructions. Les prêtres de la paroisse, promenant leurs regards sur cette vaste assemblée, y trouvaient des figures tout à fait inconnues et nouvelles pour eux, des brebis qu'ils n'avaient jamais vues dans les pâturages où ils gardent le troupeau du Seigneur ; et eux aussi s'écriaient : D'où nous viennent tous ces nouveaux fidèles ? *Quis genuit mihi istos ?* Nous n'avons pas coutume de les rencontrer, ni au festin de notre parole, ni au festin de l'Eucharistie : *Et istos quis enutrivit ?* Où donc se tenaient cachés tous ces hommes, hors des atteintes de notre zèle ? *Et isti ubi erant ?* Ah ! c'est qu'un phénomène semblable à celui qui a lieu dans les commotions politiques qu'on nomme des révolutions, se produit dans ces grandes commotions religieuses qui s'appellent des Missions. De même que, dans les révolutions, on voit surgir à la surface de la cité, parcourir ses rues et ses places publiques, des hommes qu'on croirait vraiment être sortis de dessous la terre, tant on avait peu l'habitude de les voir et de les rencontrer, de même aussi, dans les Missions, on voit paraître, au milieu des églises, des hommes que personne ne connaissait comme paroissiens, des chrétiens dont le nom et le visage sont étrangers, et pour le pasteur et pour les fidèles. Toutefois, entre les nouveaux membres que les révolutions font connaître à la cité, et les nouveaux membres que les Missions font connaître à la paroisse, il y a cette différence, que les premiers ne sont reçus dans les rangs de leurs concitoyens qu'avec effroi, comme des éléments de désordre et de ruine pour la société civile, tandis que les seconds sont reçus par leurs coreligionnaires avec joie et espérance, comme des éléments propres à accroître, à consolider et à embellir l'édifice de la société religieuse.

On aurait pu craindre que cette foule immense, composée de tant d'éléments divers, et entassée pêle-mêle dans une église deux fois trop petite, ne causât du désordre et du bruit. Il n'en fut point ainsi. Dans le chœur et aux extrémités du saint lieu, tous les ouvriers, tous les hommes qui, n'ayant point l'habitude de venir à l'église, n'y avaient point de place assignée, quoique fatigués par les travaux d'une longue et pénible journée, restaient là debout, privés de la liberté de leurs mouvements, dans la position la plus gênante, et néanmoins recueillis, silencieux, prêtant une oreille avide, qui eût été bien

fâchée de perdre un seul mot, et tenant attaché un regard fixe et brillant sur le pauvre
Franciscain, dont la personne et la vie, leur
offrant sans cesse des aspects nouveaux, ne
pouvaient rassasier ni leur curiosité, ni leur
admiration.

Cependant, la renommée publiait au loin,
et surtout dans les campagnes voisines, que
deux religieux, au costume singulier, comme
nos pères seuls en avaient vu et entendu,
émouvaient toutes les âmes et remuaient tous
les cœurs par les accents de leur parole apostolique. Aussitôt tous les bons campagnards
de descendre chaque soir, de tous les coins du
canton, par groupes de vingt, trente, quarante
personnes. Mais où placer ces nouveaux venus, dans une église qui ne pouvait pas même
contenir les fidèles de la paroisse ? Heureusement pour eux, ils arrivaient avant que la fer-
meture des ateliers eût donné la liberté à une
partie de notre population, et s'emparaient
des places libres, qui étaient laissées au premier occupant. Telle était l'ardeur de ces dévots paysans à venir entendre les Pères
Franciscains, que nous avons connu un pauvre
batteur en grange qui, pendant les trois
semaines de la Mission, fit chaque jour trois
lieues pour venir au sermon, autant pour retourner, et, quoique ne pouvant rentrer qu'a-
près minuit chez lui, s'imposait le lendemain
la même fatigue pour se procurer le même

bonheur. Du reste, tous les curés des communes rurales limitrophes traçaient eux-mêmes le chemin à leurs paroissiens, en se rendant, de leur personne, assidus aux sermons des bons Pères, autant que le leur permettaient les saintes occupations de leur ministère au temps où l'on était. Ces dignes pasteurs, que nous avons souvent comptés en grand nombre autour de la chaire des pauvres Franciscains, témoignaient hautement par leur présence de la sainte confraternité qui existe entre le clergé régulier et séculier; de la haute estime qu'ils professaient pour ces milices d'élite qu'on appelle les ordres religieux, garde de réserve pleine d'intrépidité et de bravoure, qui apparaît sur le champ de bataille et décide la victoire, lorsque le gros de l'armée sacerdotale a en vain épuisé ses forces; enfin, de la part intime qu'ils prenaient à leurs travaux et à leurs succès : heureux que Dieu fût glorifié et les âmes sauvées, heureux que leurs paroissiens rentrassent dans les voies de la grâce et du ciel, et peu jaloux que ce fût par un ministère étranger et non par leur ministère personnel.

Le lundi de Pâques, surtout, jour de foire à Bolbec, toutes les campagnes avaient fait invasion dans notre ville; et ce n'était point, cette fois, pour jouir des amusements et des curiosités de ces sortes de jours, mais bien pour voir et entendre les Franciscains. Aussi,

pendant que le champ de foire était vide,
l'église, avec les places et les rues qui l'environnent, regorgeait de monde. Il fut littérale-
ment impossible, ce jour-là, aux paroissiens
d'assister à l'office. Quelques heures avant la
Messe et avant les Vêpres, les paysans avaient
envahi les bancs et les chaises, et s'étaient
même installés dans le chœur pêle-mêle avec
les chantres. Vainement le P. Bernard monta-
t-il plusieurs fois en chaire, disant, comme son
divin Maître, à ceux qui lui représentaient
qu'il était trop fatigué, et qu'il devait se réserver pour les travaux essentiels de la Mission : « Je ne puis renvoyer tout ce peuple à
jeun. » Tous les désirs ne furent point satis-
faits, car tous ceux qui auraient bien voulu
pénétrer dans l'église ne le purent point ; et
il arriva, en ce jour, ce qui arriva, hélas ! au
grand regret de tous, chaque soir de la Mission : c'est qu'un grand nombre d'hommes
qui avaient la bonne volonté d'entendre le
sermon, furent obligés d'y renoncer, et, après
avoir longtemps fait queue aux portes du
temple sans pouvoir avancer d'un pas, de retourner dans leurs maisons. Ah ! pourquoi
faut-il que la plupart des églises, dans les
grands centres surtout, ne répondent point,
par leurs dimensions, aux besoins des popu-
lations ? Pourquoi faut-il qu'en certains jours
où la grâce de Dieu souffle avec une puissance à laquelle rien ne résiste, elles ne

puissent recevoir, dans leur enceinte trop
étroite, ceux qui s'y sentent invinciblement
poussés ? Qu'il était dur de voir tous ces
hommes, qui avaient un si grand besoin d'être
nourris, s'éloigner tristement, non pas parce
qu'il n'y avait point de pain pour eux,
mais parce qu'il n'y avait point de place dans
la salle du banquet ! A ce spectacle navrant,
nous nous rappelions le temps où des bour-
gades, des villes, des provinces entières suivaient les Franciscains par les routes et les
campagnes, même la nuit, éclairant leur
marche avec des torches de pin enflammées,
pour pouvoir les entendre au soleil levant ;
nous nous rappelions le temps où le séraphique François, le grand saint Antoine de
Padoue rassemblaient vingt mille hommes
autour de leur chaire improvisée, au milieu
des vastes et belles plaines d'Italie, et les faisaient tressaillir sous l'accent de leur parole
inspirée. Alors nous disions : « Oui, si nos
mœurs modernes l'avaient permis ; si le
P. Bernard et le P. Jean-Baptiste, au lieu de
distribuer leur parole seulement aux quatre
mille personnes qui étouffaient dans l'enceinte
d'une église où deux mille sont déjà pressées,
avaient pu dresser leur chaire dans une plaine
immense, voisine de la cité, nous aurions vu
assurément une de ces grandes manifestations
de foi que nous admirons dans les siècles anciens ; en plein dix-neuvième siècle, nous au-

rions vu la population de Bolbec et des campagnes voisines former un auditoire de plus de dix mille hommes, suspendus, en plein air, et sous le seul abri de la voûte du ciel, aux lèvres de deux pauvres moines, de deux obscurs mendiants, disciples et enfants du grand mendiant d'Assise.

Il était impossible qu'une prédication accueillie avec une si pieuse avidité ne produisît pas dans toutes les âmes des fruits de grâce et de salut, et que ces fruits ne parussent pas d'abord dans l'âme mieux disposée des personnes dévotes.

La dévotion, dont le nom seul indique la nature sublime, c'est le dévouement de l'homme mis au service de Dieu. C'est un essor de la vie humaine au delà du bien rigoureusement prescrit par la loi divine, vers le bien facultatif; au delà du précepte, vers les conseils; c'est une aspiration du cœur vers ce qu'il y a de plus spirituel, de plus élevé, de plus céleste; c'est la vertu dans sa perfection et sa splendeur, la brillante floraison de la foi, le suave parfum de l'espérance, l'ardent et lumineux rayonnement de la charité. Les âmes dévotes sont la portion féconde du jardin de l'Eglise, où Dieu recueille plus d'honneurs et moissonne plus de gloire, les sanctuaires terrestres qu'il habite avec plus de complaisance; les âmes dévotes sont l'ornement du monde moral, comme les astres et les fleurs sont l'ornement du monde physique. Ce sont autant d'apparitions angéliques qui, passant et repassant sous les yeux des pécheurs, les confondent, les importunent, les poussent à accomplir le devoir, en face des vertus qui montent bien plus haut.

Donc, ces âmes desquelles Dieu tire sa plus grande gloire, le monde moral son plus vif éclat, les pécheurs la plus salutaire édification, doivent être un des objets les plus chers au zèle des Missionnaires, comme au zèle de tous les prêtres ; et si l'action de leurs prédications, de leurs prières, de leurs exemples, des divers exercices qu'ils proposent à la piété des fidèles, ne se faisait sentir que sur le cœur des pécheurs pour produire leur conversion, les résultats de leurs travaux ne seraient que partiels et imparfaits. Pour qu'on puisse dire qu'une Mission a réussi, il faut, avant tout, qu'elle ait agi sur les justes de la paroisse évangélisée, procurant la paix à leur conscience, ranimant leur ferveur, élevant le niveau de leurs vertus, et, enfin, enflammant leur zèle à l'égard de leurs frères en Jésus-Christ ; or, c'est ce qui est arrivé pendant la Mission de Bolbec.

D'abord, nos personnes dévotes, s'il en était qui l'eussent perdue, ont dû retrouver la paix de leur conscience.

Une triste expérience apprend qu'il y a, au sein des meilleures paroisses, un certain

nombre d'âmes qui remplissent extérieure-
ment les devoirs de la piété chrétienne, fréquentent les sacrements avec une conscience
agitée par des doutes pénibles, sinon par des
certitudes lamentables. Pauvres âmes ! igno-
rant que les jugements du prêtre au confessionnal n'ont aucune influence sur les jugements de l'homme hors du tribunal sacré,
elles n'osent, de peur de baisser dans l'estime
de leur confesseur ordinaire, lui accuser la
faute honteuse échappée à leur fragilité;
bien plus, se persuadant faussement, par un
indigne outrage à la vertu, à la noblesse de
caractère, à l'élévation de sentiments de
l'homme de Dieu qui les dirige, qu'il appren-
drait avec déplaisir qu'elles se sont adressées
pour la confession à un autre qu'à lui, elles
marchent dans les voies de Judas, et souillent
par le sacrilége une vie habituellement religieuse et innocente. Mais voilà que la Mission,
qui offre nécessairement à tous les paroissiens
un ou plusieurs confesseurs extraordinaires,
remédie à un aussi grand mal. En effet, pendant toute la Mission, les prêtres de la paroisse répètent partout, et sur tous les tons,
avec un accent qui coupe pied à toutes les
arrière-pensées, qu'ils engagent, qu'ils exhor-
tent, qu'ils supplient leurs pénitents de vouloir bien passer, au moins une fois, par le
confessionnal des Missionnaires. Ils félicitent
sincèrement et de grand cœur ceux et celles

qui ont obéi à leurs désirs ; ils font même quelquefois un devoir aux personnes les plus édifiantes et les mieux posées dans l'opinion publique de se présenter devant les confessionnaux étrangers, malgré leur conviction qu'elles n'en ont aucun besoin, mais pour couvrir de leur honorabilité et de leur religion les personnes qui en auraient un besoin réel. Alors les âmes inquiètes ou certainement coupables, n'étant plus retenues par cette fausse délicatesse qu'elles ne soupçonnaient pas être une injure grossière pour leur confesseur, convaincues maintenant que, loin de lui déplaire par leur démarche, elles combleront ses plus vifs désirs, vont trouver les Missionnaires. Ceux-ci, ne les connaissant nullement, ne leur impriment aucune crainte, aucun respect humain, leur offrent d'ailleurs tout ce qui peut exciter leur confiance, une douceur égale à leur sainteté ; aussi, pas une de ces âmes infortunées qui ne décharge le poids de ses inquiétudes, qui ne jette le poison de ses fautes, jusque-là dissimulées, dans leur cœur plein d'indulgence et de miséricorde.

Voilà ce qui se passe dans toutes les Missions. Or, comme la plupart de nos personnes pieuses ont eu recours au ministère des bons Pères, assurément, si quelques-unes avaient alors sur la conscience un de ces funestes secrets dont la dissimulation rend indignes du Dieu de l'Eucharistie, elles auront saisi avec empressement et bonheur l'occasion facile qui leur était offerte de se soulager, et de pouvoir désormais, sans crime, s'asseoir au banquet des anges.

Admirable résultat des Missions ! N'eussent-elles que celui-là, celui d'offrir à tous les fidèles des confesseurs extraordinaires, et de leur procurer la facilité de réparer leurs confessions douteuses ou mauvaises, ce serait beaucoup déjà. Le Missionnaire qui, en quittant une paroisse où son ministère aurait paru frappé de stérilité, où il n'aurait pas converti un seul pécheur public, donné un seul convive nouveau à la table de Jésus-Christ, pourrait se dire à lui-même : « Au moins j'ai mis la paix et la grâce de Dieu dans les consciences troublées et justement bourrelées de remords ; j'ai détruit le ver qui rongeait des âmes bonnes d'ailleurs, et desséchait dans leur germe toutes leurs œuvres ; j'ai brisé le lien qui les retenait et les empêchait de courir dans les voies de la perfection ; j'ai renversé la pierre qui obstruait leur passage sur la route du ciel. Si je n'ai pas augmenté le troupeau du Seigneur, au moins j'ai transformé en disciples fidèles les Judas qui en étaient l'opprobre. » Le Missionnaire qui pourrait se rendre ce témoignage au sortir de la paroisse insensible et ingrate sur laquelle il semble qu'il n'aurait qu'à secouer la poussière de ses pieds, devrait, au contraire, de grandes actions de grâces à Dieu pour le bien qu'il a fait par lui, et le pasteur du troupeau rebelle ne devrait pas regretter d'avoir appelé à son secours des auxiliaires qui ont remis dans le droit chemin les âmes de la paroisse les plus dignes d'intérêt.

Si la Mission a rendu la paix et la grâce à plusieurs de ces âmes qui, quoique bien criminelles aux yeux de Dieu, passaient pour dévotes aux yeux du monde, elle a surtout ranimé la ferveur et relevé le niveau des vertus dans le cœur de tous les fidèles qui étaient déjà vraiment justes, et devant Dieu et devant les hommes. A la vue de la ferveur séraphique, des vertus surhumaines des Pères Franciscains, les plus saintes âmes de la paroisse, au lieu d'entretenir en elles ce funeste sentiment d'amour-propre qui frappe de stérilité tout effort vers la perfection, sentirent naître dans leur cœur un sentiment profond d'humilité, source de tout progrès spirituel, comprenant que jusque-là elles n'avaient rien fait pour Dieu, lorsqu'il y avait des hommes capables de faire ce qu'elles voyaient sous leurs yeux. De plus, comment ces âmes auraient-elles pu contempler, pendant trois semaines, la vertu à sa plus haute puissance, dans la personne des enfants de saint François, sans s'agrandir et se perfectionner au contact de leur grandeur et de leur perfec-

tion ? La contagion du bien est moins rapide
que celle du mal, mais elle est aussi réelle.
La grandeur produit la grandeur, la perfection engendre la perfection. C'est d'ailleurs
le privilége des saints, qu'on ne puisse ni les
voir, ni communiquer avec eux, ni les toucher, sans recevoir de leur belle âme et de
leur grand cœur un immense mouvement
d'ascension spirituelle !

Aussi, sous le charme de cette nouvelle et
vivante apparition de Jésus crucifié, plusieurs
d'entre nous qui déjà servaient le Seigneur,
se trouvaient divinement séduits ; entraînés
plus invinciblement par la passion du sacrifice que les mondains par la passion du plaisir, ils s'écriaient : « *Le bien, ce n'est pas
assez, il nous faut le mieux ; le devoir, c'est
trop peu, il nous faut le conseil ; le courage,
c'est trop vulgaire, il nous faut l'héroïsme !*
Entrons dans la carrière que les bons Pères
ouvrent devant notre ambition chrétienne ;
sur la trace de leurs pas et sous l'attraction
de leurs exemples, allons, élançons-nous vers
la plus haute perfection. »

Les directeurs des consciences n'avaient
plus à stimuler leurs pénitents, mais, bien
au contraire, à modérer leur élan. Tous voulaient s'imposer des sacrifices généreux, se
lier devant le Seigneur par de nouvelles et
plus étroites obligations. Celui-ci, ayant entendu le P. Jean-Baptiste parler, dans les

avis familiers qu'il donnait le matin, de la méditation, de l'examen, de la visite au saint Sacrement, du Chemin de la Croix, de la dévotion au Précieux Sang, au Sacré Cœur, s'engageait à introduire ces exercices et ces pratiques dans sa vie. Cet autre, ayant entendu relever les précieux avantages des indulgences pour les vivants et pour les morts, n'en voulait plus négliger aucune. Rien de plus fréquent que ces résolutions : « Désormais j'irai à la messe tous les jours, je multiplierai mes communions; » et aujourd'hui, une assistance plus nombreuse au sacrifice quotidien, les communions de chaque mois ou de chaque semaine prenant une extension nouvelle, sont des preuves irrécusables que ces résolutions n'ont point été vaines. Il n'est pas une seule des fêtes qui ont suivi la Mission où de magnifiques communions n'aient attesté combien était grand le nombre des nouveaux convives que Jésus-Christ avait gagnés en ces saints jours. Dans les cœurs où il y avait plus de jeunesse, plus de sensibilité, plus de reconnaissance et d'amour, il se formait des projets plus généreux, il se manifestait de plus sublimes dévouements. De là, dans le cœur d'une foule de jeunes personnes, le désir de quitter le monde, de renoncer à l'avenir plus ou moins riant que leur promettaient les hommes, de s'enrôler pour toute la vie dans l'une de ces armées de la prière ou de la charité, qui ont pour but d'expier les misères spirituelles, ou de soulager les misères corporelles des hommes. L'une voulait être pauvre Clarisse; une autre, austère Carmélite; une troisième, Sœur de Charité; une quatrième, petite Sœur des Pauvres. Si la prudence, certaines nécessités de famille, n'ont pas permis d'exaucer tous ces nobles vœux, plusieurs, à la grande joie de leurs auteurs, ont pu être réalisés; et nous savons qu'aujourd'hui ces belles vocations, écloses sous l'ardent soleil de la Mission, ont déjà donné les plus beaux fruits. Que d'âmes, pendant la Mission, même parmi celles qui ne pouvaient songer à quitter le monde, s'ingéniaient à trouver le moyen de se mortifier et de se faire souffrir, usaient de saintes ruses pour se procurer discrètement, et à l'insu de ceux qui auraient pu trouver du ridicule ou de l'exagération dans leur conduite, des cilices, des disciplines, et toutes sortes d'instruments de pénitence! Et cet amour des saintes austérités de la Croix n'a point été passager dans notre paroisse; il y a survécu, nous le savons, au temps de la Mission; et, à l'heure qu'il est, nous connaissons encore un noyau de saintes personnes qui, *sous un vêtement qui satisfait aux exigences du monde, en portent un autre qui satisfait aux exigences du Calvaire, et réjouit les yeux du divin Crucifié;* nous connaissons de courageux chrétiens, d'héroïques chrétiennes, qui, depuis la Mission, n'ont pas pris une seule fois leu repos sur le duvet ou la laine, mais uniquement sur la paille ou le bois; ayant soin, tout en acceptant devant témoins la couche la plus douce et la plus molle, de s'en préparer eux-mêmes une plus dure, et plus en rapport avec les souvenirs et les attraits que les Pères Franciscains ont laissés dans les cœurs; ils sont heureux de tenir encore par quelque lien à ceux qui leur ont fait tant de bien, et ils croient avec raison qu'il ne peut y en avoir de plus fort que celui d'une sainte communauté de sacrifices et de souffrances.

Ah! si les bons Pères, moins obligés de donner aux pécheurs tous les instants de leur trop court séjour parmi nous, avaient eu le temps de faire connaître à la partie pieuse de notre population la grande institution de saint François en faveur des âmes qui voulaient aimer Dieu plus que les autres, et entrer dans la voie de pénitence qu'il avait ouverte, s'ils avaient pu leur faire connaître la merveilleuse association du Tiers Ordre, qui permet aux personnes engagées dans le monde d'entrer dans la famille de saint François sans briser des liens consacrés par Dieu même, sans quitter la maison paternelle et conjugale, à la seule condition de se soumettre à une règle praticable pour tous, quels que soient l'âge, le sexe, la condition : nous ne crai-

gnons pas d'affirmer que la ville de Bolbec,
comme les plus pieuses villes d'autrefois, aurait aujourd'hui un Tiers Ordre nombreux et
florissant. Nous en avons pour preuve l'empressement avec lequel plusieurs chrétiens
fervents, plusieurs ferventes chrétiennes,
ayant entendu parler de l'existence et des
avantages du Tiers Ordre dans l'intervalle qui
a séparé la Mission de Bolbec de celle d'une
ville voisine, ont été conjurer les bons Pères,
pour mieux participer aux mérites de leurs
prières, de leurs bonnes œuvres et de leurs
pénitences, pour suivre de plus près la trace
de leurs vertus, de leur donner l'habit et la
corde des Tierçaires. O vous, âmes privilé-
giées, qui, au milieu de nous, avez l'honneur, à l'heure qu'il est, de porter, comme
saint Louis et sainte Élisabeth de Hongrie,
les livrées franciscaines, puisse le secret de
votre affiliation à l'ordre de Saint-François,
déjà connu des anges du ciel, arriver à la
connaissance des anges de la terre ! Puissiez-
vous bientôt recruter, dans notre pieuse paroisse, de nombreux frères et de nombreuses
sœurs ! Vous êtes encore, par votre nombre,
le petit grain de senevé ; devenez le grand
arbre sur les branches duquel tous les oiseaux
célestes, c'est-à-dire toutes les âmes qui veulent s'élever par leur foi et leurs vertus au-
dessus de la terre, viendront se reposer !

Toutefois, le zèle pour une plus haute per-

fection que les paroles et les exemples des
Pères Franciscains éveillèrent chez les personnes pieuses de la paroisse, n'était pas ce
zèle égoïste et rétréci d'une âme qui ne s'oc-
cupe que d'elle-même, que de son avance-
ment personnel, que de la sûreté de son
propre salut : c'était le zèle généreux et vaste
d'une âme qui embrasse dans sa sollicitude
tous les pécheurs auxquels elle tient par les
liens divers du pays, du voisinage, de la profession, de l'amitié, de la parenté.

Le zèle pour le salut de l'âme de ses frères
est le thermomètre certain qui marque, dans
la société chrétienne en général, dans une
paroisse en particulier, quel est le degré de
chaleur et de vivacité des deux grands sentiments qui sont la substance même de la religion, c'est-à-dire, de l'amour et de la foi.
Aux époques où les fidèles uniquement pré-
occupés d'eux-mêmes dans les choses du salut et de l'éternité, ne prennent aucun souci
de leurs malheureux frères qui ne suivent
pas les mêmes voies et se damnent à leurs
côtés, on peut être sûr que l'amour de Dieu
s'est attiédi dans les cœurs, que la foi est devenue languissante dans les esprits. Comment, en effet, aimer Notre-Seigneur Jésus-
Christ d'un amour tant soit peu ardent, et
demeurer insensible aux outrages qu'il reçoit
des pécheurs, et rester spectateur impassible
de tant de crimes qui renouvellent sa passion

et rendent inutiles le sang qu'il a versé et la mort qu'il a subie au Calvaire? Comment ne pas employer tout ce que Dieu a mis de puissance dans l'esprit, dans le cœur et dans la voix de l'homme, pour diminuer le nombre des ingrats qui affligent et crucifient de nouveau le Sauveur si bon, si dévoué pour tout le monde? Comment conserver encore une lueur tant soit peu vive de la foi, comment croire qu'une âme vaut le sang d'un Dieu, comment croire que l'âme qui n'opère point son salut perd le ciel et mérite l'enfer, et laisser tant d'hommes qu'on honore et qu'on aime, tomber dans les flammes dévorantes de l'éternité, sans les saisir vigoureusement d'une main secourable, pour les remettre dans les nobles sentiers qui mènent à la patrie céleste? Partout où il y a recrudescence d'amour et de foi, il doit y avoir nécessairement recrudescence de zèle. Par conséquent, il était impossible que les fidèles de Bolbec, réchauffés dans leur amour pour Jésus Christ au foyer du cœur séraphique des bons Pères et à la chaleur de leur parole embrasée, ne sentissent pas se ranimer en eux un prosélytisme plus ardent pour faire aimer aux autres Celui qu'ils aimaient davantage eux-mêmes, pour arracher le péché de toutes les âmes, et y mettre la grâce, qui est le fruit divin de la mort du Sauveur! Il était impossible que les fidèles de Bolbec, à qui la

vie des bons Pères disait éloquemment,
même après les révélations de la Croix, quel
était le prix des âmes, ne voulussent pas participer en quelque chose à la gloire et au mérite de travailler à leur salut. Il était impossible que les mères, les épouses qui avaient
tremblé pour elles-mêmes à la lueur que les
Missionnaires avaient fait luire sur les abîmes
de l'éternité, ne tremblassent pas pour leurs
enfants, leurs époux, et ne missent pas tout
en œuvre pour les arracher aux maux épou-
vantables de l'enfer éternel ! Aussi, pas un
pieux chrétien qui, pendant la Mission, soit
resté inactif dans l'œuvre de la conversion de
ses frères en Jésus-Christ ; pas un pieux chrétien qui n'ait obéi à la belle recommandation
de Tertullien : « Dans les grands dangers de
la patrie, tout homme est soldat ; dans les
luttes de la foi, tout chrétien doit être
apôtre ! » En ces jours de salut et de grâce,
la religion n'était point seulement, dans les
cœurs qu'elle animait, ce feu intime et caché
qui suffit à l'entretien de la vie individuelle ;
c'était un feu qui ne pouvait concentrer ses
ardeurs, et dont la flamme active et dévorante, courant çà et là sur toute la surface de
la paroisse, parcourant les maisons, les ateliers, consumant tous les obstacles, toutes
les résistances qu'elle trouvait sur son passage, communiquant sa chaleur et sa vie à la
froideur et à la mort, c'est-à-dire aux pé-

cheurs les plus indifférents et les plus endurcis. Dans toute la vérité du mot, chacun était
devenu un apôtre, et un apôtre souvent bien
ingénieux. Chacun attaquait l'âme qui lui était
chère, qu'il avait à cœur de faire revenir à Dieu
avec tant d'ardeur et par tant de manières, que
cette âme, si rebelle qu'elle fût à la grâce,
devait finir par céder. Conversations, bonnes
œuvres, prières, emploi d'emblèmes sacrés,
violences même plus ou moins prudentes,
tout tendait au même but.

Oui, les conversations elles-mêmes ten-
daient à obtenir la conversion des âmes avec
lesquelles on échangeait quelques paroles;
et ce moyen, qui était le plus facile et le plus
usuel, n'était pas le moins efficace. Se trou-
vait-on dans la famille ou dans la société devant quelques hommes qui étaient éloignés
de Dieu, et refusaient même d'aller entendre
la parole sainte, on parlait des Franciscains,
cela va sans dire; les Franciscains furent,
pendant trois semaines, le thème obligé de
toutes les conversations. Mais on ne parlait
pas seulement de leur personne, de leur dévouement; on citait celles de leurs paroles
qui avaient le plus frappé, et qui semblaient
être plus appropriées aux besoins de ses inter-
locuteurs. Tous étaient en mesure de faire
cela, parce que tous, en écoutant le sermon
des Pères, et en se l'appliquant d'abord à
eux-mêmes, avaient l'attention délicate de

retenir une sentence choisie pour nourrir
l'âme des frères qu'ils avaient quittés à la
maison; de leur garder, dans un coin fidèle
du cœur, une bonne parole dont l'éclat pourrait les réjouir, dont le parfum pourrait les
attirer. Comme rien n'est aussi fort que
l'exemple pour triompher des volontés chan-
celantes, on ne manquait jamais devant les
faibles, les esclaves du respect humain qui
hésitaient à prendre un parti généreux, de
citer les nouveaux convertis dont les noms
couraient la ville, et dont la liste grossissait
tous les jours. De même que, dans un temps
d'épidémie, on ne s'entretient que des nouvelles victimes que la mort fait à chaque instant; dans ce temps de sainte contagion, si je
puis m'exprimer ainsi, on n'avait pas à la
bouche de nouvelles plus intéressantes que
celles du succès des Missionnaires et de la
conversion des pécheurs : « Un tel s'est confessé aujourd'hui; cet autre se confessera
demain : il l'a promis à sa femme, à sa fille,
il tiendra parole. » La prudence, qui ferme
d'ordinaire la bouche des personnes les plus
zélées pour le salut des âmes qu'elles aiment,
s'oubliait davantage pendant la Mission. Une
femme disait franchement à son mari : « Mon
ami, nous nous sommes trop aimés depuis
trente ans que nous sommes ensemble, pour
que nous consentions à être séparés pendant
l'éternité. Veux-tu me faire le plus grand

plaisir que je puisse ressentir dans ma vie?
veux-tu me procurer la seule joie qui manque
à mon bonheur? Confesse-toi aux Pères Franciscains, et communie avec moi le jour de
Pâques. » Cette parole si cordiale toucha le
cœur du mari; il se confessa, et il communia
avec sa pieuse épouse. Une autre femme fut
moins hardie, mais non moins heureuse. Elle
était à table avec celui à qui la Providence
l'avait unie; et, quoique ayant amené la conversation sur tout ce qui se passait dans la
paroisse, elle n'osait adresser une parole
d'invitation à l'époux qui ne partageait point.
hélas! ses pratiques religieuses; mais si elle
fut maîtresse de retenir la parole sur ses
lèvres, elle ne le fut point de retenir une
larme dans ses yeux. Cette larme silencieuse,
coulant sur un visage qui s'efforçait de rester
calme et gai, fut comprise du mari, qui avait
un bon cœur, et elle eut la puissance d'arracher une âme au démon et de la donner à
Dieu.

Cependant, si la parole indirecte ou directe
demeurait inefficace, le zèle conjugal avait
d'autres armes. Il multipliait les bonnes
œuvres, pour obtenir la conversion de ceux
qui lui étaient chers. Une excellente chrétienne fit vœu de donner chaque jour aux
pauvres une somme assez ronde jusqu'à ce
que son mari allât à confesse. Ce vœu plein
de foi et de charité n'épuisa point sa bourse;

car le lendemain le mari, qui jusque-là avait paru très-éloigné d'une pareille démarche, se confessa de bon cœur. Les pauvres ne se trouvaient pas mal de ces générosités qui avaient pour but la conversion des âmes. Un d'eux disait un jour : « Je voudrais que la Mission durât toujours ; ce n'est plus moi qui vais trouver les riches pour leur demander l'aumône, ce sont les riches qui m'apportent eux-mêmes des secours au delà de mes besoins. »

Après l'emploi rarement inutile de l'aumône, on avait recours à la prière. Les familles qui soupiraient après le retour à Dieu d'un membre chéri, faisaient des neuvaines, sollicitaient de nombreuses communions de la part des âmes les plus ferventes, demandaient aux prêtres de vouloir bien célébrer la Messe à leur intention ; mais c'était surtout la prière des bons Pères Franciscains qu'elles imploraient. Ceux-ci avaient-ils promis de prier pour une âme, les fidèles qui s'intéressaient à elle la croyaient sauvée, et ce qui n'était qu'une espérance devenait bientôt une douce réalité.

Quand plusieurs s'étaient servis de la prière, de l'aumône, de la parole, et que la conversion qu'ils souhaitaient se faisait attendre, leur grande dévotion à la sainte Vierge les portait à offrir à leurs parents et amis une médaille de l'Immaculée Conception ; ou bien,

s'ils craignaient un refus, à la placer discrètement et à leur insu dans un pli de leurs vête-
ments, à l'attacher à tout objet qui avait un
contact quelconque avec eux, et le Ciel nous
a donné des preuves que cette naïve confiance
lui était agréable. Qu'il nous suffise d'en citer
une seule.

Une femme toute simple, mais qui aimait
bien le bon Dieu, va un soir trouver le Père
Bernard, et lui dit en pleurant : « Mon bon
Père, mon bon Père, que je suis malheureuse !
Tous les hommes vont à confesse, et le mien
ne veut pas y aller. Quand je lui en parle,
il est comme un démon ; il jure et il blas-
phème : je n'ai pas même pu le décider à venir une seule fois vous entendre. Comment
faire ? S'il ne se confesse pas avant que vous
partiez, il ne se confessera jamais. — Calmez-
vous, ma bonne mère, lui répondit le disciple
de saint François d'Assise ; ayez confiance en
la sainte Vierge : tenez, voilà une petite médaille de l'Immaculée Conception, mettez-la
cette nuit sous son oreiller ; demain il viendra
à confesse. — Demain, mon Père ! ah ! vous
ne le connaissez pas ; je vous l'ai dit pourtant :
c'est un vrai démon. Auparavant, il faudrait
au moins qu'il vînt vous écouter prêcher,...
il faudrait qu'il s'adoucît,... il faudrait.... —
Allons, nous sommes pressés, ma bonne mère :
prenez ma médaille, et faites ce que je vous
ai dit. » La bonne mère partit, et avec une

confiance fortifiée par l'affirmation accentuée du Père Franciscain, elle mit la médaille à l'endroit désigné. Cependant, l'époux impie et blasphémateur s'apprête à prendre son repos comme à l'ordinaire ; mais (chose qui lui paraît bien étrange, puisqu'il ne ressent aucune indisposition) il ne peut s'endormir. Il s'agite inutilement sur sa couche, toutes les heures de la nuit sonnent successivement à ses oreilles, sans lui apporter le sommeil. Que se passa-t-il dans l'esprit et le cœur de ce malheureux pendant cette longue insomnie? Dieu seul le sait ; mais ce que nous savons, nous, c'est qu'à deux heures du matin, il éveilla sa femme, et, avec un accent modéré qui n'était, ni dans son caractère, ni dans ses habitudes, il lui dit : « Ma femme, c'est Dieu ou le diable qui me tourmente, mais il y a là-dessous quelque chose ; je n'ai encore pu m'endormir depuis que je suis couché. C'est fini ; je me lève ; je vais à l'église ; et si les Franciscains y sont encore, je me confesse. » Heureusement oui ; les bons Franciscains y étaient encore, quoiqu'il fût trois heures du matin. La Providence leur avait fourni, toute la nuit, assez de besogne pour qu'ils se trouvassent encore au confessionnal, à cette heure avancée, prêts à recevoir le vieux pécheur, que leur envoyait, après avoir miraculeusement changé ses dispositions, la Vierge conçue sans péché!

Il arriva que, par un zèle plus louable dans ses motifs que dans ses moyens, quelques braves gens, prenant trop à la lettre le *Compelle intrare* de l'Ecriture, et donnant à leur prosélytisme les brusques allures de leur nature et de leur genre de vie, essayèrent de faire une véritable violence à ceux qui leur appartenaient, pour les conduire au confessionnal des bons Pères. De gros mots, et même des voies de fait, tout leur semblait légitime, à cause du but qu'ils se proposaient. Le P. Bernard fut un jour témoin d'un singulier spectacle. Il vit une femme âgée tirant de toutes ses forces vers la sacristie un vieillard qui résistait et grommelait. « Que faites-vous donc là, bonne mère? lui dit l'enfant de saint François. — Ah! mon Père, répondit-elle, c'est mon vieux mari qui est sur le bord de sa fosse, et qui ne veut pas aller à confesse; il faut pourtant bien qu'il y aille ! — Ma bonne mère, reprit l'homme de Dieu, ce n'est pas ainsi qu'on s'y prend; laissez-moi ce bon vieillard, et allez-vous-en.... » Alors, débarrassé des poursuites de sa femme, seul à seul avec le débonnaire Franciscain, notre homme sent sa colère s'apaiser, toute résistance à la grâce s'évanouir dans son cœur : devenu doux comme un agneau, il se laisse conduire à la sacristie, obéit à la douce voix qui lui commande de se mettre à genoux, confesse toutes ses fautes avec courage, et, plein de joie, va faire sa réconciliation avec celle dont le zèle, malgré son excès et son importunité, avait été l'occasion du bonheur dont il jouissait.

Tels furent donc les fruits que la prédication franciscaine produisit dans les âmes pieuses : fruits de zèle, non-seulement par rapport à leur sanctification personnelle, mais encore par rapport à la sanctification de leurs frères en Jésus-Christ. Il nous reste maintenant à rappeler les fruits que cette sainte prédication produisit dans l'âme des pécheurs.

« Le prédicateur sème, le confesseur moissonne, » disait saint Liguori ; aussi la grandeur des résultats d'une prédication s'évalue-t-elle toujours, dans l'Eglise catholique, par le nombre des pénitents qui ont été vus au tribunal sacré. C'est qu'en effet, comme il n'y a de pardon que pour les pécheurs qui vont le chercher là où Dieu l'a mis, la démarche extérieure et visible par laquelle ils obéissent à cette injonction du Seigneur est le seul moyen de constater combien de cœurs ont été vraiment convertis et rendus à la grâce divine.

Six confessionnaux étaient dressés dans l'église de Bolbec : quatre occupés par les prêtres de la paroisse, et deux par les Révérends Pères Franciscains. Quoique les quatre premiers aient été constamment assiégés, pendant les trois semaines de la Mission, toute la journée et une grande partie de la nuit,

c'était près des deux derniers, c'est-à-dire,
près des confessionnaux où siégeaient les bons
Pères, qu'était la foule, la grande foule. Vainement essayerait-on de se faire une idée de
l'immense multitude des pécheurs qui se sont
agenouillés devant le P. Jean-Baptiste, et
surtout devant le P. Bernard! Que chacun
de mes lecteurs veuille bien entrer avec moi,
par la pensée, dans notre église, un des jours
de la Mission. Voyez-vous, dans la chapelle
des Fonts, ce confessionnal enfoncé dans un
coin obscur? un large écriteau vous avertit
que c'est là que le P. Bernard entend les
confessions. Il n'est que six heures du matin,
et quel encombrement déjà! voici une file de
cinquante, soixante, cent femmes. Ah! c'est
qu'après l'instruction du soir, elles savent qu'il
n'y a plus de place pour elles au confessionnal, mais seulement pour les hommes; et
voilà pourquoi elles sont accourues dès cette
heure matinale. Montons vers dix heures à la
sacristie; on dirait vraiment la piscine de Si-
loé; là nous trouvons réunies toutes les infirmités humaines dans la personne de nombreux vieillards, sourds, boiteux, perclus,
ayant besoin d'un lieu plus commode pour se
confesser, et qui demandent avec une certaine impatience si le P. Jean-Baptiste ou
le P. Bernard ne va pas bientôt venir. A
une heure après-midi, présentons-nous au
presbytère, où les bons Pères avaient donné

rendez-vous aux hommes qui, à demi résolus, n'avaient point encore le courage de se mêler dans la foule près du confessionnal. Là, nous verrons encore une vingtaine de personnes prêtes à s'emparer des Pères Franciscains au sortir de leur court et frugal repas. Toute la journée se passait donc pour le P. Jean-Baptiste et pour le P. Bernard à aller du confessionnal à la sacristie, de la sacristie au presbytère, pour se faire tout à tous, et se multiplier suivant les exigences et les besoins des âmes. Pendant ces courses nécessaires, les bons Pères étaient souvent poursuivis par quelques pénitents qui se détachaient de la foule, et les conjuraient, parfois avec larmes, de les confesser tout de suite, parce que les nécessités de leur âge, de leur santé, de leur condition, de leur habitation plus ou moins éloignée, allaient les forcer de partir sans avoir pu décharger leur conscience. Mais où entendre la confession de ces braves gens ? Ceux qui se pressaient à la porte de la sacristie ou à la porte du presbytère, fatigués d'attendre depuis longtemps déjà, exposés à attendre plus longtemps encore, ne souffraient point qu'un nouveau venu traversât leur foule, même en compagnie des Pères. Comment faire ? C'était très-embarrassant. Une fois, un expédient singulier fut suggéré au P. Bernard, et suivi. Je le citerai, parce qu'il prouvera, mieux que tout ce que je pourrais dire, la difficulté, et, en même temps, l'empressement qu'il y avait à se confesser en ces jours de grâce. Un homme d'une haute taille et d'une forte corpulence, dont la physionomie et l'accent annonçaient l'habitude de commander, et plus encore celle d'être obéi, aborde le P. Bernard qui traversait l'église pour se rendre au confessionnal, et lui dit brusquement : « Mon Père, c'est résolu ; je veux me confesser, mais tout de suite, car je n'ai ni le temps ni la patience d'attendre là-bas, près du confessionnal. » Le Père vit d'un coup d'œil qu'il n'y avait pas à hésiter, qu'il fallait entendre cet homme au moment même, ou perdre une bonne proie. « Eh bien, oui, mon ami, venez à la sacristie. » Mais les abords de la sacristie étaient presque aussi encombrés que les abords du confessionnal. « Venez au presbytère. » Devant la porte du presbytère, même foule, même encombrement. Cependant, le Père Fransciscain était debout au milieu de la cour, délibérant où il pourrait confesser son pénitent. « Mon Père, lui dit celui-ci, ne se confesse-t-on pas bien partout? Si vous le voulez, je n'ai pas peur qu'on me voie, entrons sous le hangar que voici (il désignait le bûcher de M. le Curé) ; le pavé ne sera pas trop dur pour mes genoux, car j'ai bien péché. » Le P. Bernard accepte la proposition, et voilà que, prenant pour siège un des morceaux de bois entassés en ce lieu, il entend son homme, qui, agenouillé par terre, et sous les yeux de vingt personnes, se confesse bravement, et avec toutes les marques d'un repentir sincère.

Il était curieux d'écouter les divers motifs que chacun faisait valoir pour avoir droit à une exception, et être confessé avant son tour. « Ah! mon Père, disait l'un, confessez-moi, car je suis de la campagne, et j'ai bien loin pour retourner chez moi. — Ces gens-là ne sont pas de la paroisse, disait un autre : mon Père, confessez-moi avant eux. » Mais les bons Pères, pas plus que leur divin Maître, ne pouvaient faire acception de personne, et ils admettaient chacun dans l'ordre où la divine Providence le leur présentait.

On conçoit qu'une certaine agitation ne pouvait manquer, par moments, de se produire dans une foule aussi nombreuse et fatiguée, agacée par de longues heures d'attente. Alors les Pères sortaient du confessionnal, invitaient leurs pénitents à se mettre à genoux, à réciter avec eux un *Pater* et un *Ave*, et cette courte prière ramenait le calme dans leurs rangs pressés, mieux que toutes les recommandations. Puis, si les Révérends Pères avisaient, dans la multitude qui les environnait, tel individu qui, par sa physionomie et sa tenue, paraissait être d'une condition supérieure à celle des autres fidèles, ils le chargeaient de veiller à ce que personne ne trou-

blât le recueillement et n'usurpât la place de
son voisin. Chose admirable, et qui prouve
combien les impressions des esprits et des
cœurs se modifient vite dans un temps de
Mission, nous avons vu des hommes d'un
rang élevé, qui jusque-là avaient été les plus
tristes esclaves du respect humain, non-seulement mêlés et confondus dans les rangs des
ouvriers et des bonnes femmes qui s'apprê-
taient à se confesser, mais faisant la police au
milieu d'eux, se tenant debout, dans l'attitude la plus propre à attirer tous les regards !
Si cette bonne volonté, sublime mélange de
courage et d'humilité, valait à plusieurs des
grâces dont ils conservèrent le secret, elle
amena brusquement la conversion d'un pécheur qui ne pensait guère ce jour-là à se
confesser. Le P. Jean-Baptiste, sortant de
son confessionnal pour aller à la sacristie, voit,
à l'extrémité des rangs de la multitude ras-
semblée autour du tribunal sacré, un homme
assez distingué, qui regardait cette affluence
de pénitents d'un œil curieux et étonné.
« Monsieur, lui dit-il, voudriez-vous, s'il vous
plaît, maintenir l'ordre et la paix parmi ce
peuple pendant ma courte absence ? je vous
en serai très-reconnaissant. » L'étranger, surpris que le Révérend Père lui confiât une pareille fonction, n'osa pourtant point la refu-
ser, et il l'exerçait en toute conscience,
lorsque le P. Jean-Baptiste, revenant après

quelques minutes, lui dit, avec un ton plein
de simplicité et de bonhomie : « Mon ami, je
vous remercie beaucoup du service que vous
venez de me rendre; je n'ai qu'un moyen de
vous témoigner ma reconnaissance, c'est de
vous confesser le premier et avant tous les
autres. Ouvrez vos rangs, mes frères, pour
que Monsieur passe. » Ce Monsieur, qui,
comme il l'avoua ensuite, n'avait pas eu, jusqu'à ce moment, la moindre idée de se confesser, se trouva entraîné, comme par une
force invincible, par cette parole du bon
Père, qui était une pressante invitation, sous
la forme gracieuse d'une politesse et d'une
complaisance. Il entra au confessionnal, et
tous ceux qui le virent se relever des pieds
du pauvre Franciscain, les yeux rouges et le
visage inondé de grosses larmes, comprirent
qu'il avait fait une bonne et sainte confession.

Heureux les pénitents qui, à force d'attendre près des saints tribunaux, parvenaient
au but de leurs désirs ! Car, hélas ! un grand
nombre de personnes qui avaient passé toute la
journée dans l'église, y prenant même leur repas, de peur d'être dépossédées de leur place,
étaient obligées de retourner chez elles avec
le poids de leurs péchés. En effet, l'heure de
l'instruction du soir arrivait, et après cette
dernière instruction, il n'y avait plus d'accès
que pour les hommes près du confessionnal.

Assurément, quand les bons Pères avaient
confessé pendant tout le jour, depuis cinq
heures du matin jusqu'à huit heures du soir,
sans autre repos que celui de leurs prières et
d'un court repas ; quand ils descendaient de
chaire à neuf heures du soir, après un long
et chaleureux sermon, tout trempés de sueur
et épuisés de fatigues, ils auraient bien mé-
rité d'aller se jeter sur leur dure couche, afin
d'y reprendre de nouvelles forces pour le lendemain ; mais voici qu'à cette heure-là même,
leur confessionnal était aussi encombré que
le matin ; et, cette fois, par des hommes qui,
eux aussi, avaient travaillé toute la journée,
et trempé de leurs sueurs la pioche, le mar-
teau, le métier à filer ou à tisser ; par des
hommes à qui les nécessités ou les exigences
de l'industrie n'accordaient d'autre temps
que celui de la nuit et du sommeil, pour présenter au médecin spirituel les plaies de leurs
âmes. Ah ! entre les hommes de la souffrance
libre et les hommes de la souffrance nécessaire, entre les Pères Franciscains et nos bons
ouvriers, il y avait une sympathie forte et
puissante qui leur faisait oublier leurs mu-
tuelles fatigues pour contenter le besoin qu'ils
avaient de se voir de près, et de se parler.
Aussi, dès que la foule réunie pour les exercices du soir s'était écoulée, on voyait les
hommes de Dieu arriver avec calme au saint
tribunal, comme s'il s'était agi pour eux de

commencer leur journée après un doux repos.
Ces trente, cinquante, soixante ouvriers, qui
étaient là, rangés sur deux lignes, pour la
plupart ignorants des choses de Dieu, ayant
perdu l'habitude de se confesser, et n'apportant à leur confesseur que leur bonne volonté,
à charge par celui-ci de faire le reste, ne les
effrayaient point. Ils se mettaient courageusement à l'œuvre, et quelquefois le jour venait
les surprendre avant que leur pieuse besogne
fût finie. De pauvres artisans étaient ainsi
contraints de retourner à leur travail sans
avoir eu d'autre repos que celui de leur conscience purifiée ; mais ce repos en valait bien
un autre. « Que tu dois être fatigué, cher ami !»
disait un soir à son mari la femme d'un de
ces ouvriers qui avaient dû passer la nuit pré-
cédente pour obtenir leur tour au confessionnal. « Fatigué ! Qu'est-ce que tu dis? Tu
ne penses donc pas au poids que j'ai de moins
sur le cœur? »

Qui dira toutes les merveilles de grâce qui
s'opérèrent dans ces nuits mémorables où les
ténèbres protégeaient les demi-résolutions et
les demi-courages? Combien d'hommes occupant un certain rang dans la cité se glis-
sèrent au milieu de leurs ouvriers et de leurs
domestiques, et déchargèrent dans l'ombre
leur conscience depuis longtemps accablée !
Nous savons que, plusieurs fois au milieu des
nuits, à une heure, deux heures du matin,

des personnages inconnus, mystérieux, qui
avaient fait sept et huit lieues pour profiter
de ce ministère nocturne, se présentèrent au
confessionnal des bons Pères, où les grands
et les petits, les heureux et les malheureux
du monde, trouvaient le soulagement de la
conscience, la paix du cœur, et éprouvaient
qu'après les joies de l'innocence il n'y avait
ici-bas rien de plus doux que les aveux du
repentir. Il fallait entendre tous ceux qui
s'étaient confessés raconter à leurs parents, à
leurs amis, quelle douce ivresse, mélange
inexplicable de souvenirs amers et de sentiments délicieux, la confession leur avait fait
sentir, répéter sans cesse : « Non, vraiment,
nous n'aurions jamais cru qu'il fût si facile et
si consolant de se confesser ! » Un prêtre de
la paroisse rencontra une fois, après minuit,
un homme d'une soixantaine d'années qui
sortait de l'église après s'être confessé à un
Père Franciscain. « Eh bien, mon ami, lui
dit ce prêtre, êtes-vous content?—Si content,
monsieur l'Abbé, répondit-il, si content, que
s'il était possible de me donner mille francs
pour ne m'être pas confessé, quoique je ne
sois pas riche, je ne les accepterais pas. Il y a
encore ma femme, une vieille encroûtée
comme moi, qui ne veut pas entendre parler
de confession ; mais nous allons voir.... Elle
ne sait pas combien ça vous rend heureux de
se confesser ! »

Cependant, tous ces hommes qui passaient par le confessionnal étaient-ils vraiment convertis, changés ? montraient-ils dans leur vie des résultats dignes de la pieuse démarche qu'ils avaient faite ? Ce n'est pas nous , ce sont des faits positifs, publics, éclatants, qui répondent affirmativement.

Certains chrétiens s'en étonneront ; car il est des chrétiens qui pensent que le pécheur arrive, dans l'incrédulité et le vice, à une profondeur d'où il ne saurait remonter ; et lorsqu'ils considèrent, à côté d'eux dans la vie, ces hommes chez lesquels toute lumière de foi paraît éteinte , qui sont étrangers à toute pratique religieuse, et s'abandonnent à tous les penchants d'une chair corrompue, ils détournent la tête, et semblent dire : « Il n'y a rien à faire pour ces malheureux ! »

O profonde ignorance des voies de Dieu ! O profond oubli des miracles de la grâce ! Ces chrétiens découragés et décourageants ne connaissent pas apparemment l'histoire des temps primitifs de l'Eglise, où Dieu, opérant sur le monde des âmes avec la même puissance et la même fécondité que sur le monde des corps, créait en un instant, par quelques paroles tombées de la bouche de Pierre, la foi et la vertu dans l'esprit et dans le cœur de cinq mille personnes ! Mais qu'ils sachent au moins l'histoire contemporaine, qu'ils apprennent, par ce qui s'est vu à Bolbec, que

les sentiments de foi, de religion et de vertu
dont le précieux germe nous est inoculé dans
le baptême, fussent-ils cachés et presque
anéantis sous la boue épaisse de l'indifférence,
de l'impiété et du libertinage, n'ont besoin,
pour reprendre leur vie, leur fraîcheur et leur
éclat, que d'un seul rayon du soleil de la
grâce qui luit sur une paroisse pendant les
beaux jours d'une Mission !

Des hommes qui, quelques jours auparavant, ne paraissaient croire à rien, et se
moquaient de tout, s'étaient trouvés tout à
coup, non-seulement convaincus, mais pé-
nétrés, émus de toutes les vérités de la foi,
tremblaient à la pensée de l'enfer, et pleuraien
au souvenir et à la vue de leur Dieu crucifié.

Des hommes qui avaient perdu l'habitude,
l'esprit, le goût de la prière, faisaient l'admiration de leur femme et de leurs enfants par
l'exactitude et la piété avec lesquelles ils
s'agenouillaient devant Dieu matin et soir.
Nous les avons contemplés, apportant dans le
saint temple, non plus seulement cette bonne
tenue passive qui est déjà un commencement
de respect, mais une attitude active et remplie
de dévotion, priant le Seigneur avec une attention, une ferveur peu ordinaires, aux offices
du dimanche et pendant le salut qui suivait
les instructions de la Mission. Oh ! que cela
nous semblait beau et bon de voir, chaque

jour, quelques braves ouvriers, à la mise
grossière, à la barbe longue et inculte, au
teint noirci par la sueur et la fumée, rester
dans un coin du chœur ou des nefs de l'église,
après que la plupart des fidèles étaient sortis,
et là répandre leur âme devant le Seigneur,
avec l'air pénétré et tendre d'une novice de
couvent.

Avec les habitudes de la prière revenaient
dans les cœurs les vertus et les bonnes
mœurs. Les ennemis se réconciliaient, et il y
avait des familles où les parents qui, pour
des causes diverses, trop nombreuses, hélas !
dans le monde, avaient cessé de se fréquenter,
se revoyaient, s'embrassaient et se promettaient de s'aimer maintenant à jamais. Pas un
seul des convertis de la Mission qui eût voulu
s'approcher de l'autel avec la moindre ran-
cune, avec la moindre haine contre son prochain, et ils mettaient en pratique le conseil
de l'Évangile sur ce point. Un homme qui
n'avait pas communié depuis vingt ans, partait
tout endimanché pour aller recevoir son Dieu.
Sa femme, qui, obligée de rester à la maison
pour soigner ses enfants, le suivait au moins
des regards et du cœur, s'aperçoit qu'il ne
prend point le chemin de l'église, et ne sachant à quoi attribuer cette erreur, elle court
après lui : « Cher ami, lui dit-elle, est-ce donc
que la joie t'a troublé l'esprit ? Où vas-tu ? —
Je vais chez un tel..., il y a tant de temps que

nous ne nous voyons plus, que nous ne nous parlons plus, tu le sais. Eh bien, je veux le voir, lui parler, me réconcilier avec lui avant d'aller au bon Dieu ! »

L'union se rétablissait dans les ménages troublés, et chacun faisait les sacrifices d'amour-propre, de caractère, d'humeur, nécessaires à la paix domestique. Les enfants étaient plus soumis et plus obéissants, les serviteurs plus fidèles ; les époux et les épouses dont la religion n'avait pas béni les serments faisaient les démarches et les préparations que demande la réception du sacrement de mariage. Les catholiques qui avaient contracté des alliances mixtes, sans remplir les conditions exigées par l'Eglise, se présentaient devant le prêtre, et c'est ainsi qu'un certain nombre de mariages entre catholiques et protestants ont été réhabilités.

Le respect humain était courageusement foulé aux pieds. Un commerçant que les nécessités de ses affaires menaient tous les vendredis dans une ville voisine de Bolbec, avait la triste habitude de faire gras en ce jour de pénitence. Il se retrouva, le vendredi qui suivit sa confession, à la même table où il offensait Dieu chaque semaine. Vingt personnes étaient là, mangeant sans scrupule les mets prohibés par la loi de l'Eglise. Le nouveau converti seul demande du maigre. Tous les habitués de la table, qui l'avaient vu cent fois faire comme eux, de se récrier, de s'étonner ; mais celui-ci, sans craindre que leur étonnement se change en dérision, leur donne franchement la clef du mystère : « Nous avons chez nous des Missionnaires, des Pères Franciscains, qui sont de rudes saints ; eh bien, je vous le déclare, je me suis confessé à eux, et quand un homme d'honneur a été à confesse, il observe le vendredi. »

Mais comme c'est dans les ateliers que les scandales sont d'ordinaire plus grands et plus nombreux, c'était dans les ateliers qu'abondaient les sujets d'édification. Ainsi, dans des ateliers de vingt, cinquante, cent, deux cents, six cents ouvriers, ateliers de charpentiers, fondeurs, tisserands, fileurs, nous avons reçu là-dessus les témoignages les plus authentiques: plus de murmures, plus de blasphèmes, plus de propos libres, plus de familiarités entre les différents sexes ; les chants des cantiques de la Mission étaient dans toutes les bouches, au lieu des jurements et des propos obscènes. Il faut que ce spectacle d'édification ait été bien grand, puisqu'il a déterminé la conversion de plusieurs chefs et contre-maîtres de ces établissements, dont l'un disait en termes formels : « Je vais me confesser ; et ce ne sont point les sermons des Pères, que je n'ai pas entendus, qui ont touché mon cœur et m'ont décidé à m'approcher des sacrements ; c'est la seule vue de mes ouvriers : ils ne sont plus reconnaissables; plus de libertinage, plus d'indocilité parmi eux; jamais je ne les ai trouvés aussi souples, aussi faciles que depuis quinze jours. Le doigt de Dieu est là, et je ne veux être ni plus ingrat, ni plus rebelle qu'eux : je me rends! »

Plusieurs de ceux qui, s'étant confessés, se préparaient par la fuite du péché à l'absolution et à la communion, faisaient des actes de pénitence qui, sans qu'ils s'en doutassent le moins du monde, étaient tout simplement héroïques. Ainsi, une jeune femme qui ne s'était pas confessée depuis assez longtemps, après s'être agenouillée au saint tribunal, s'imposa à elle-même une pénitence volontaire, et croyant n'accomplir que le *jeûne* simple, tel que le pratique l'Eglise, elle ne fit qu'un repas chaque jour au pain et à l'eau, pendant quinze jours consécutifs; et elle se disposait à continuer plus longtemps encore, lorsqu'une indisposition qui la mit au lit, et le conseil du directeur à qui elle fit connaître le secret de sa maladie, lui apprirent qu'elle avait commis une imprudence. Imprudence, oui; mais sainte et sublime imprudence, bien rare de nos jours, il faut l'avouer!

CHAPITRE VII

TABLEAU DES COMMUNIONS GÉNÉRALES. —
CLOTURE DE LA MISSION ET ADIEUX DES
MISSIONNAIRES. — LEUR DÉPART. — CON-
CLUSION.

———

Cependant, le moment arrivait où le travail
intérieur des âmes, et tant de généreux efforts,
allaient recevoir leur récompense. Donc, chaque jour de la sainte quinzaine, et surtout la
veille de Pâques et du dimanche de Quasimodo, grandes solennités choisies pour les
communions générales, tous les pénitents qui
avaient fait leur confession préparatoire dans
les jours précédents, se présentaient au saint
tribunal pour recevoir l'absolution. Scènes
admirables, pleines d'édification, de bonheur
et de paix ! Deux cents personnes se succé-

dant, sans qu'aucune heure du jour ou de la
nuit apporte d'interruption à ce concours,
auprès de chacun des six confessionnaux
échelonnés de distance en distance dans l'é-
glise : toutes ces âmes repassant une dernière fois, dans le silence de la nuit, les iniquités de leur vie, versant dans l'obscurité de
douces larmes qui n'échappent pas à l'œil de
Dieu ; chaque pécheur s'agenouillant tour à
tour pour entendre prononcer sur sa tête cette
grande et mystérieuse parole : *Je vous absous,*
qui lui rend la grâce et son Dieu, et le réta-
blit dans une paix depuis longtemps inconnue
qui est l'avant-goût de la béatitude du ciel ;
chaque pécheur ainsi purifié regagnant sa
maison au milieu des actions de grâces, et
pouvant se dire en toute confiance, pour la
première fois depuis vingt ans, trente ans
peut-être : « Si je mourais cette nuit pendant
mon sommeil, je ne me réveillerais pas en
enfer. »

A cette vue, il était impossible que les anges
du ciel, joyeux de la conversion d'un seul
pécheur, ne célébrassent pas, dans le divin
séjour, la plus solennelle des fêtes ! Il était impossible que, sur la terre, les hommes de foi
et de piété ne sentissent pas dans leurs yeux
des larmes de reconnaissance et de bonheur !

La paix que cette parole du confesseur :
« Je vous absous, » apporte dans l'âme péni-

tente, ne se complète pourtant que par cette autre parole : « Allez communier. » C'est en recevant Jésus-Christ dans son cœur que le chrétien qui vient d'effacer ses fautes par les larmes du repentir, se sent réintégré dans toute l'amitié de son Dieu. C'est le festin de famille qui met le sceau à la réconciliation. Aussi tous les fidèles qui s'étaient agenouillés la veille au tribunal de la pénitence, venaient-ils avec empressement le lendemain matin s'asseoir au divin banquet.

Nous voudrions faire connaître le chiffre exact des âmes qui ont eu le bonheur de recevoir, pendant la Mission, le sacrement de l'Eucharistie. Disons au moins que le nombre des communions s'est élevé, le jour des Rameaux, à mille; le jour de Pâques, à deux mille cinq cents; les lundi et mardi de Pâques, à douze cents; le dimanche de Quasimodo, à trois mille; le dimanche du Bon-Pasteur, à cinq cents; chaque jour des trois semaines de la Mission, à plusieurs centaines; et, tout en tenant compte que beaucoup de fidèles ont communié plusieurs fois, presque tous deux fois, une fois pour le Jubilé et une fois pour la pâque; tout en tenant compte encore que quelques fidèles des paroisses voisines étaient dans les rangs de nos communiants, on peut juger, ce nous semble, que la très-grande majorité des paroissiens a pris part au festin céleste.

Quoi qu'il en soit, tout le monde comprendra quel magnifique et consolant résultat pour la gloire de Dieu et le salut des âmes, que celui de onze mille communions faites dans la même église et au même autel pendant le court espace de trois semaines!

Nous sommes encore sous le charme de la douce impression que ressentait notre cœur lorsque, chaque matin, nous voyions, comme nous l'avons dit, plusieurs centaines de personnes participer au saint Sacrifice, et manger la divine Victime. Le Père Franciscain qui célébrait la première messe, où lescommuniants étaient toujours plus nombreux, leur adressait d'ordinaire une courte, mais vive et onctueuse allocution, qui disposait merveilleusement les âmes à recevoir leur Dieu. Nous entendons encore, après la communion, la voix du séraphique enfant de saint François, entonnant au Seigneur l'hymne de la reconnaissance, le *Magnificat* ou le *Te Deum ;* et la voix des fidèles qui avaient communié s'unissant à la sienne avec un accent tout particulier que lui communiquait la présence de Jésus-Christ dans leur cœur.

Ce spectacle quotidien, déjà si beau et si touchant, a été surpassé deux fois par un spectacle plus grand, plus solennel, plus magnifique encore : par le spectacle des deux communions générales des dimanches de Pâques et de Quasimodo. En ces jours à jamais

mémorables pour notre paroisse, trois mille
personnes étaient pieusement réunies dans
l'église pour entendre la Messe et recevoir
leur Dieu. Les hommes étaient groupés en
masse dans le chœur et dans les contre-
allées qui longent le chœur jusqu'à la grande
grille. Il y en avait un millier, de tous les
âges, de tous les rangs, de toutes les conditions. Le pauvre coudoyait le riche qui lui
faisait l'aumône, le chef d'atelier se trouvait
au milieu de ses ouvriers, les bons catholiques
voyaient à leurs côtés, pour la première fois,
des frères dont ils avaient souvent regretté
l'absence au festin du Père de famille; des
hommes honorables qui allaient enfin ajouter à leurs vertus humaines et sociales la pratique des devoirs chrétiens. L'espace qui s'é-
tend depuis les grilles jusqu'au portail de
l'église était occupé par deux mille femmes;
et on surprenait des larmes d'attendrissement
sur le visage des mères, des épouses, des
filles dont les vœux avaient enfin été exaucés,
et qui, à force de prières, de sacrifices, d'au-
mônes, avaient obtenu la conversion de ceux
qu'elles aimaient, et qu'elles voyaient de loin
devant elles, prêts à les conduire à la table
du Seigneur, comme chaque jour ils les con-
duisent et les accompagnent à la table des
hommes.

Dans cette immense multitude qui allait recevoir son Dieu, pas un seul convive qui

n'eût l'habit nuptial; nous entendons celui qui couvre le corps. Les pauvres avaient épuisé leur bourse pour se procurer un vêtement propre et convenable; et les plus indigents l'avaient reçu, à titre de don ou de prêt, d'une charité heureuse de contribuer à orner les tabernacles du Seigneur. Mais qu'est-ce que la modeste parure des corps auprès de la beauté des âmes? Une sainte disait : « Si l'on pouvait voir la beauté d'une âme en état de grâce, on mourrait de bonheur. » Or, quoique voilée et cachée par l'épaisseur du corps matériel, la beauté de toutes ces âmes purifiées la veille par l'aveu et le regret de leurs fautes, jetait un reflet divin sur toutes les physionomies, et faisait douter si l'on n'était pas avec les anges dans une région plus haute que la terre!

Quand arrivait le moment si impatiemment attendu de la communion, le Révérend Père officiant, debout sur un des degrés de l'autel, adressait quelques paroles à cet auditoire de trois mille communiants. Etait-ce vraiment un homme qui parlait? Au feu de son visage animé par la fièvre de la fatigue et la possession de son Dieu, aux élancements d'amour de son cœur, aux accents inspirés de sa voix, on eût pris pour un séraphin l'enfant de saint François. Chaque mot qui tombait de ses lèvres était une étincelle qui embrasait les âmes d'une telle ardeur, que tous ces hom-

mes, dont un grand nombre avait passé une
partie de la vie sans sentir le besoin de l'union
avec Dieu, auraient mieux aimé mourir à
l'heure même que d'être plus longtemps
privés du Dieu de l'Eucharistie.

Enfin, le Père Franciscain, aidé de M. le
Curé, commençait à distribuer la manne céleste.

Les hommes s'avançaient les premiers, la
tête inclinée, les yeux baissés, les mains
jointes, sur deux rangs et suivant les mêmes
sentiers que le jour de leur première communion. Les femmes venaient ensuite, dans la
même attitude et dans le même ordre. Tous
recevaient Jésus-Christ avec un recueillement
céleste, une ferveur angélique; puis retour-
naient à leur place, ravis d'admiration des
grandes choses qui se passaient en eux, goû-
tant cette paix profonde que leur avait pro-
mise l'enfant de saint François au début de la
Mission, avec un air si calme, si heureux, que
les rares pécheurs qui avaient jusque-là ré-
sisté à la grâce, et qui les virent, en ressenti-
rent une émotion qui triompha de leurs
hésitations, et les ramena eux-mêmes au
Seigneur. Un homme honorable de la ville,
distingué par les qualités de son esprit et de
son cœur, estimé et aimé de tous, rentra dans
sa maison, après avoir été témoin de la grande
communion du jour de Pâques, tout ému,
tout hors de lui, disant en pleurant à sa

femme et à ses enfants qui venaient de communier : «Mon Dieu! que je viens de voir, à l'église, de belles choses! C'est pour la dernière fois, certainement, que vous avez été seuls au bon Dieu! Désormais je serai des vôtres!» Et il tint parole.

Après que l'immense foule qui s'était présentée à l'autel avait été nourrie de son Dieu, le Père Franciscain, élevant de nouveau la voix, exprimait les sentiments d'admiration et de reconnaissance qui se pressaient dans tous les cœurs; formulait, au nom de tous, les supplications touchantes que chacun sentait venir sur ses lèvres en ces précieux instants; puis, après le chant du *Te Deum*, on se séparait.

Celui qui aurait pénétré dans l'intérieur des familles chrétiennes, aurait vu des scènes bien touchantes, au moment où une pieuse épouse, ou d'innocents enfants, revoyaient pour la première fois leur époux ou leur père depuis qu'il avait reçu son Dieu; depuis que le sang du Sauveur avait coulé dans ses veines pour le régénérer, et communiquer même à son visage une grâce nouvelle. Avec quelle ineffable douceur ils se jetaient, les larmes aux yeux, entre les bras de celui qui se présentait à eux portant Jésus-Christ dans sa poitrine, offrant à leur foi et à leur piété un titre nouveau et plus puissant que celui de père et d'époux, pour se faire désormais obéir avec plus de docilité, aimer avec plus de tendresse !

Ce serait ici le lieu peut-être, après avoir vu les résultats de la Mission sur les fidèles catholiques, de dire un mot des effets qu'elle produisit sur nos frères séparés, qui vivent au milieu de nous au nombre d'un millier à peu près ; mais la réserve pleine de délicatesse et de charité qui n'a pas permis aux Révérends Pères Franciscains de prononcer même leur nom pendant toute la durée de la Mission, est un devoir pour nous comme pour eux. Nous dirons seulement que beaucoup de protestants sont venus voir et entendre les bons Pères, qu'ils les ont aimés, qu'ils ont reçu du spectacle de leur personne et de l'audition de leur parole, des impressions qui ne s'effaceront jamais : germes précieux, que la grâce de Dieu pourra bien développer un jour pour consommer leur retour à l'unité. Nous dirons même que plusieurs ont reconnu la lueur de la vérité au sein de l'amour et du dévouement religieux, et que nous nous sentions reportés aux temps de la primitive Eglise, lorsque, pendant la Mission, à une heure avancée de la soirée, l'église étant remplie des nombreux fidèles qui se confessaient, nous voyions M. le Curé, accompagné de pieux néophytes qui venaient de faire abjuration de leurs erreurs au pied de l'autel, se diriger vers les fonts du baptême pour être régénérés dans l'eau

8

sainte avant de boire le lendemain le sang du Sauveur.

Il eût fallu que notre population fût bien ingrate pour ne point témoigner aux bons Pères Franciscains, instruments pour elle de si grandes miséricordes, toute sa reconnaissance, même par quelques démonstrations extérieures. Mais, hâtons-nous de le dire, les bons habitants de Bolbec ne faillirent point aux devoirs que leur dictait leur cœur envers les admirables enfants de saint François d'Assise.

Toutes les fois que le P. Bernard ou le P. Jean-Baptiste parut dans la cité pour aller remplir un acte de religion ou de charité, prier au cimetière, ou visiter quelques malades, seuls délassements qu'ils se soient permis pendant trois semaines, ils recevaient sur leur passage les témoignages de la plus profonde vénération. Pas une tête qui ne se découvrît avec respect. Les parents leur présentaient leurs petits enfants pour les faire bénir, et quelques pieux fidèles ne rougissaient pas même de se prosterner à leurs pieds pour baiser leur pauvre tunique (acte d'humilité auquel le Saint-Père a attaché des indulgences) ; ils courbaient leurs genoux et leur tête sous la bénédiction de ces mendiants comme sous la bénédiction d'un prélat de l'Eglise. Un lundi, jour de marché à Bolbec, le P. Bernard ayant été appelé à traverser la place,

fut entouré de près de deux cents personnes,
marchands et acheteurs, qui, sans le moindre
respect humain, se mirent à genoux et le
conjurèrent de leur donner sa bénédiction,
ce que le bon Père fit de son meilleur cœur.
Pendant les derniers jours de la Mission, on
ne peut s'imaginer avec quel empressement
tous les fidèles de la paroisse épiaient partout
le passage des bons Pères, et se précipitaient
sur eux, c'est le mot, pour leur faire bénir un
chapelet, une médaille, pour solliciter leur
signature au bas d'une image, pour recevoir
de leur main la belle prière de saint Bernard
à la sainte Vierge, qu'ils conserveraient comme
un précieux souvenir des grâces qu'ils avaient
reçues par eux. Ce n'est pas exagérer que de
dire qu'il y avait toujours au moins cent personnes à la porte de la sacristie et du presbytère, et qui restaient là de longues heures
pour obtenir ce qu'ils appelaient un souvenir
du P. Bernard et du P. Jean-Baptiste. L'é-
tranger qui, entrant aujourd'hui dans les maisons catholiques de Bolbec, dans la maison
du pauvre aussi bien que dans la maison du
riche, y verrait presque partout suspendue
l'image de saint François d'Assise signée par
un des Pères, comprendrait l'admirable condescendance des enfants de saint François
pour un peuple qui avait répondu à leur dévouement, et l'admirable vénération d'un
peuple plein de reconnaissance envers ceux

que Dieu avait employés pour le sanctifier et
le remettre dans le chemin du ciel.

Cependant, le dernier jour de la Mission
était arrivé : c'était le jour de Quasimodo, jour
de la grande et mémorable communion de
trois mille personnes. M. l'abbé Legros, vi-
caire général de Mgr l'Archevêque, et archidiacre du Havre, accouru au bruit des
merveilles de grâce que le Seigneur avait
répandues sur notre ville, officia toute la
journée.

Les Vêpres, où nous avons entendu un beau
sermon du P. Jean-Baptiste sur la sanctification du dimanche (indiquée comme le meilleur moyen de persévérance), finissaient à
cinq heures, et le salut de clôture des exercices de la Mission ne devait avoir lieu qu'à
sept. Mais l'église resta pleine, parce que
personne ne voulait perdre sa place pour le
sermon du soir, où le P. Bernard voulait nous
faire ses adieux.

Ah ! qui pourra peindre la solennité, les
joies saintes, le pieux enthousiasme de cette
dernière soirée de la grande, de l'immortelle
Mission de Bolbec, comme aimait à l'appeler
le P. Bernard !

Quiconque, ce soir-là, a vu notre église,
ornée de ses plus riches parures, noyée dans
des flots de lumière qui, du sanctuaire, dé-
bordaient jusque sous le portique, parfumée
par l'odeur de l'encens, retentissant du bruit

des cantiques populaires, chantés avec entrain par quatre mille voix, a sans doute été tenté, comme nous, de faire cette question que le roi Clovis adressait à saint Remi, en entrant, la nuit de Noël, dans la basilique de Reims pour s'y faire baptiser : « Mon Père, est-ce là le ciel que vous m'avez promis ? »

Bientôt le P. Bernard, répondant à l'attente commune, versait une dernière fois son cœur d'apôtre dans le cœur de tous ceux qu'il avait évangélisés avec tant de succès ; leur donnant quelques derniers avis, que sa parole, toujours onctueuse et sympathique, gravait dans les âmes en traits ineffaçables ; lorsque, tout à coup, sa voix s'est remplie de larmes ; ah ! c'est qu'il avait à prononcer un mot bien dur à son cœur et au nôtre, le mot d'adieu : «Adieu ! s'est-il écrié, mes petits enfants, vous qui avez eu les prémices de notre ministère dans cette paroisse : daigne le Seigneur vous accorder à tous la grâce d'une bonne première communion !... Adieu, bons vieillards : daigne le Seigneur couronner votre sainte vie par une sainte mort !... Adieu, pauvres malades : daigne le Seigneur vous rendre à l'amour de vos familles, ou du moins vous admettre dans son royaume !... Adieu, pères et mères : donnez toujours le bon exemple à vos enfants !... Adieu, jeunes gens : obéissez à vos parents, soyez leur gloire et leur bonheur !... Adieu, âmes des défunts, que nous n'avons point oubliées dans cette sainte Mission!... Adieu, mes frères, adieu! Si nous ne nous revoyons point sur la terre, nous nous reverrons dans le ciel!... Encore une fois, adieu!... » Inutile de dire que tout l'auditoire fondait en larmes, et que l'émotion des fidèles répondait à l'émotion du bon Père.

Après le sermon, M. l'Archidiacre donna la bénédiction du saint Sacrement, et la pieuse assemblée, ayant chanté le *Credo* en signe d'unité, se sépara à regret, et semblait exprimer ce regret en sortant de l'église avec une lenteur qui fut remarquée de tous. On avait involontairement le cœur serré en pensant qu'on ne reverrait plus ces beaux exercices de la Mission qui avaient tant réjoui et consolé les âmes!

Les Révérends Pères Franciscains devaient encore rester trois jours parmi nous pour se remettre de leurs fatigues, et réparer vingt nuits passées au confessionnal. Mais il y avait des pécheurs attardés qui avaient besoin d'eux, et ils n'ont voulu goûter d'autre repos que celui de mettre à leur disposition tous les instants qui leur restaient. Le mardi, dans l'après-midi, nous comptions encore soixante personnes au confessionnal du P. Bernard; le mercredi matin, une demi-heure avant le départ des Pères, il y avait encore une douzaine d'hommes au presbytère, qui sollici-

taient le bienfait de la réconciliation. « Quel
dommage ! s'écriait le P. Bernard, de partir
en pleine moisson ! Quel dommage d'aban-
donner une pêche aussi miraculeuse ! » Mais
la sainte obéissance les appelait à évangéliser
une autre contrée ; il fallait partir ; et à dix
heures, nos bons Pères, accompagnés de M. le
Curé, prenaient le chemin d'Yvetot. Leur première visite, en arrivant à Bolbec, avait été
pour le saint Sacrement ; leur dernière visite
fut également pour le Dieu de nos autels.
Avant de partir, les deux enfants de saint
François s'agenouillèrent devant le tabernacle, chantèrent une antienne à la sainte
Vierge, bénirent la foule qui remplissait l'é-
glise, puis se mirent en route, le bâton de
pèlerin à la main. Mais les fidèles de Bolbec
ne devaient pas les laisser partir seuls, et,
malgré les moyens que, par humilité, les bons
Pères crurent devoir prendre pour éviter une
démonstration de la part d'un peuple sensible
et reconnaissant, ils furent accompagnés jusqu'à Nointot, village situé à une lieue de Bolbec, par cinq cents personnes avides d'entendre encore quelques mots sortir de leur
bouche, avides surtout d'être bénies une dernière fois. Ce cortége visible de cinq cents
personnes qui avaient la libre disposition de
leur temps, n'était pas le seul qui environnât les
bons Pères. Il y avait le cortége invisible des
trois mille ouvriers qu'ils avaient évangélisés,

confessés, rendus à la grâce; et qui, captifs
par le corps dans leurs ateliers, étaient à la
suite des Pères Franciscains par le cœur et
par l'affection. A ce spectacle d'un peuple
honorant ainsi le départ de ces apôtres, on se
rappelait avec bonheur les fidèles d'Éphèse
faisant une dernière prière avec saint Paul
qui les quittait pour aller à Jérusalem, fon-
dant en larmes, se jetant à son cou, et le
conduisant jusqu'au vaisseau sur lequel il
devait s'embarquer. Qu'on ne s'étonne pas
que l'histoire de saint Paul ait été, dans tous
les temps, celle des héritiers de son apostolat.
Il se forme entre le Missionnaire et le peuple un lien plein de force et de douceur;
lien de parenté spirituelle, souvent plus étroit
que le lien de la parenté naturelle; et, aux
yeux de la foi, cela doit être. Les pères et
les mères selon la nature ne donnent à leurs
enfants qu'une vie qui doit finir; les Mission--
naires donnent à ceux qui veulent profiter de
leur ministère une vie qui ne finira jamais,
la vie éternelle!

Une dernière fois, bons Pères Franciscains,
recevez ici, par notre voix, les sincères et
chaleureux remercîments de toute la population de Bolbec, pour le bien que vous nous
avez fait.

Merci, au nom de la religion, au nom de
la société, au nom des familles, au nom des
individus!

Merci, au nom de la religion. Sans doute tous les pécheurs que vous avez évangélisés ne se sont pas convertis; mais s'ils doivent un jour revenir à Dieu, qui sait la part qu'auront dans leur conversion les paroles qui sont sorties de votre bouche, les impressions salutaires que le spectacle de votre vie crucifiée a produites sur leur cœur? Sans doute tous ceux que vous avez convertis ne persévèreront pas, l'impeccabilité, l'inamissibilité de la grâce n'appartiennent pas à la terre ; et vous ne pouvez être plus privilégiés que les Apôtres, qui ne la donnaient pas à ceux qu'ils convertissaient. Mais c'est beaucoup déjà d'avoir donné un nouvel élan à la piété, d'avoir ouvert des consciences où la honte et la timidité retenaient cachés de funestes secrets; d'avoir effacé le péché, et fait vivre la grâce, ne fût-ce que pour un seul jour, dans quatre ou cinq mille âmes. Si la seule pensée de Dieu, un seul soupir pieux ont plus de valeur surnaturelle que tous les mondes réunis, c'est beaucoup d'avoir mis la prière, ne fût-ce que pendant trois semaines, sur des milliers de lèvres auxquelles elle était étrangère, d'avoir éveillé des sentiments de regret et de contrition dans des milliers de consciences endurcies, d'avoir fait battre d'amour pour Jésus-Christ des milliers de cœurs, ne fût-ce qu'au court instant de la sainte communion. Oui, au nom de la religion, merci, bons Pères!

Merci, au nom de la société. Vous avez
appris à notre nombreuse population ouvrière
à pratiquer les vertus, qui, en la préservant
du vice, la préserveront de la misère, et en
la préservant de la misère, la préserveront de
l'irritation qui produit les révolutions. Non-
seulement vous avez fait accepter avec rési-
gnation à tous nos artisans les souffrances
quotidiennes de leur existence laborieuse,
vous les leur avez fait aimer, en leur révélant,
par le seul spectacle de votre vie, combien il
y a de richesses et de mérites dans la douleur et dans la pauvreté. Assurément, si l'armée du désordre relevait demain parmi nous
sa tête audacieuse, elle ne recruterait pas un
seul soldat dans cette armée de paix qui a
passé par votre confessionnal, et que vous
avez nourrie à l'autel de la chair de l'Agneau
de Dieu! Oui, au nom de la société, merci,
bons Pères!

Merci, au nom de la famille. Il y aura
pour vous plus qu'un souvenir, il y aura une
louange permanente en votre honneur, dans
le cœur de tous les membres de ces familles
naguère si divisées, et maintenant si étroite-
ment unies; dans le cœur de ces mères, de
ces épouses, de ces jeunes filles à qui vous
avez procuré la seule chose qui manquait à
leur bonheur, le retour à Dieu de ceux qu'elles
aimaient. Maintenant elles n'iront plus à l'autel seules, comme des veuves et des orphe-

lines ; mais, grâce à vous, elles se verront désormais avec une sainte fierté et une douce joie, accompagnées de leurs époux et de leurs pères. Oui, au nom des familles, merci !

Enfin, au nom des individus, au nom des fidèles de Bolbec et des campagnes voisines. merci encore, bons Pères ! Combien parmi eux ne devront qu'à vous le bonheur du salut et de l'éternité bienheureuse, et vous confondront à jamais dans leur éternelle reconnaissance avec le Dieu qui, par vous, a exercé sur eux ses plus magnifiques miséricordes !

Pour vous, bons Pères Franciscains, souvenez-vous longtemps encore des catholiques de Bolbec; et envoyez-leur toujours, quel que soit l'espace qui vous séparera d'eux, une part abondante des mérites de vos prières, de vos pénitences, de vos travaux apostoliques !

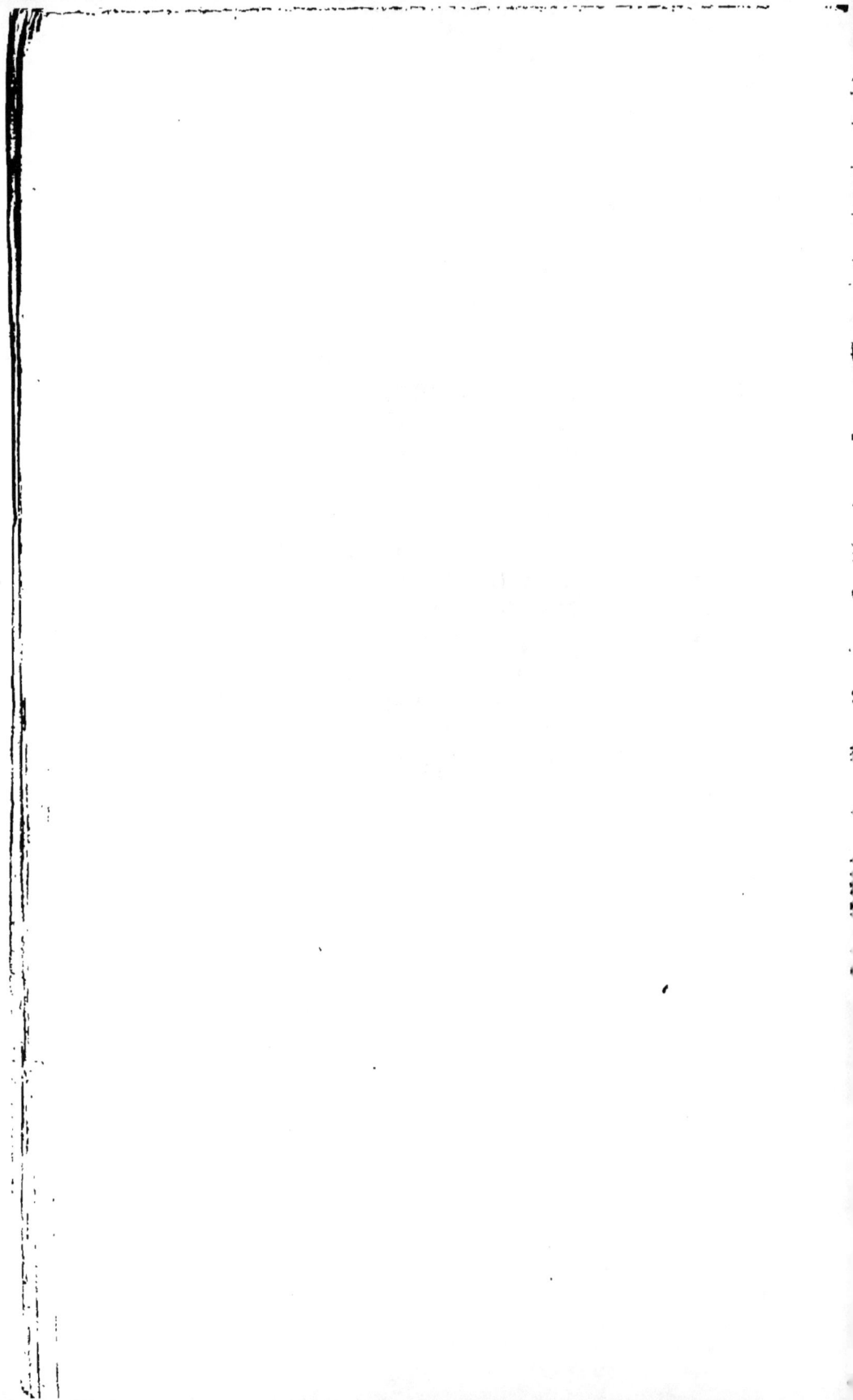

TABLE DES MATIÈRES

BIBLIOTHEQUE NATIONALE DE FRANCE

3 7531 04425070 3

www.ingramcontent.com/pod-product-compliance
Lightning Source LLC
Chambersburg PA
CBHW072103090426
42739CB00012B/2852